Hubertus Czernin (Hg.)

WOFÜR ICH MICH MEINETWEGEN ENTSCHULDIGE

Haider, beim Wort genommen

GEGRÜNDET
1999

Hubertus Czernin (Hg.)

WOFÜR ICH MICH MEINETWEGEN ENTSCHULDIGE

Haider, beim Wort genommen

CZERNIN VERLAG, WIEN

Die Deutsche Bibliothek – CIP Einheitsaufnahme
Czernin, Hubertus (Hg.):
Wofür ich mich meinetwegen entschuldige - Haider, beim Wort genommen/Czernin Hubertus (Hg.)
Wien, Czernin Verlag, 2000
ISBN 3-7076-0040-8

2. Auflage

Art Direction: Bernhard Kerbl
Redaktion: Johannes Högl
Herstellung: Die Druckdenker, Wien
Druck: Wiener Verlag, Himberg
ISBN 3-7076-0040-8

Inhalt

„Wäre Österreich Mitglied der EG, Haiders braune Ausrutscher wären nicht mehr Staatsaffären, sondern Gemeinschaftsaffären. Das internationale Negativ-Echo würde sich vervielfachen.“

Hans Henning Scharsach, 1992

Vorwort

Dieses Buch ist eine Zitatensammlung, deren Zweck auf der Hand liegt: Jedem politisch Interessierten soll die Möglichkeit geboten werden, sich selbst ein Bild über Geist, Charakter und Ideologie Jörg Haiders zu machen. Gerade im Hinblick auf die seit Beginn des Jahres 2000 wieder ausgebrochene Debatte über den politischen Standort Haiders und der Freiheitlichen Partei kann eine Zusammenstellung seiner Aussagen über die Geschichte des 20. Jahrhunderts, über Ausländer, Gastarbeiter und ethnische Minderheiten sowie über Europa Orientierung bieten – auch und gerade zur Frage, ob Haider nun ein rechtsextremistischer, ein rechtspopulistischer Politiker oder, wie er selbst meint, ein wegen seines unbestreitbaren Erfolges bei Wahlen Verfemter der Etablierten in Österreich und nun auch in der Europäischen Union ist. Erst wenn diese Frage beantwortet ist, läßt sich auch jene klären, über die in Österreich seit der Angelobung der national-konservativen Regierung von Wolfgang Schüssel mit zum Teil kaum noch zu überbietender Emotionalität diskutiert wird: Sind die von den 14 EU-Staaten ausgesprochenen bilateralen Sanktionen unverhältnismäßig und damit ein Anschlag auf die Souveränität Österreichs, wie etwa der Osteuropaexperte des ORF, Paul Lendvai, meint? Oder ist es deren legitimes Recht, sich innerhalb eines Staatenbundes von solchen politischen Kräften abzugrenzen, die seit vielen Jahren und wiederholt den innereuropäischen Konsens in Frage gestellt haben?

Viele scheinen in ihrer oft wütenden Zurückweisung der von den anderen EU-Mitgliedern gegen Österreich getroffenen Maßnahmen zu übersehen, dass Haider seit den frühen 90er Jahren praktisch alles abgelehnt hat, wofür die Europäische Union steht: den Beitritt Österreichs, den Vertrag von Maas-

tricht, die Währungsunion und zuletzt, wie etwa im September 1999, auch die geplante europäische Osterweiterung. Schon aus diesem Grund ist es verständlich, dass die Europäische Union der Regierungsbeteiligung der FPÖ nicht nur mit größtmöglicher Distanz, sondern auch ablehnend gegenübersteht. Offensichtlich fürchten die anderen EU-Staaten, dass der europäische Integrationsprozess durch die Freiheitlichen dauerhaft erschwert und damit verlangsamt werden könnte.
Vielleicht entsinnen sich manche noch an jenen Tag im Jahr 1994, als der grüne Europaabgeordneter Johannes Voggenhuber, bis zur EU-Volksabstimmung einer der überzeugtesten Gegner eines österreichischen EU-Beitritts, erklärte, dass er als demokratischer Politiker die Entscheidung der Österreicher respektiere und deshalb den Widerstand gegen die Integration Österreichs aufgebe. Künftig, so sagte Voggenhuber, würden die Grünen deshalb innerhalb der Union Oppositionspolitik betreiben, unter besonderem Augenmerk einer Demokratisierung der europäischen Institutionen. Damals wurde der grüne Politiker von Haiders Freiheitlichen nach allen Regeln der politischen Agitation verhöhnt. Die FPÖ rühmte sich von da an, die einzige politische Partei in Österreich zu sein, die unverändert zum Europa der 15 in Fundamental-Opposition stünde. Später initiierte Haiders Partei ein – letztlich erfolgloses – „Schilling"-Volksbegehren gegen die europäische Währungsunion.
Die grundsätzliche Ablehnung Haiders in der Union teilte bis vor kurzem auch Wolfgang Schüssel. Wörtlich sagte dieser in einem „News"-Interview im Februar 1999: *„Eine Zusammenarbeit mit Haider ist deshalb unmöglich, weil für mich Lebensfragen Vorrang haben vor Parteiinteressen. Eine FPÖ, die die EU ablehnt, die Integration torpediert, den Euro mit Schauergeschichten bekämpft und in der Ausländerfrage mit den Gefühlen der Menschen spielt, lehne ich ab. Somit scheidet die FPÖ als Partner aus."* Und: *„Haider hat seinen abstrusen Ideen nie abgeschworen. Bei seinen zentralen Botschaften hat er immer wieder*

ein Schäuferl nachgelegt. Also kommt er für uns niemals in Frage. Das ist schade, denn damit werden eine Million Wähler aus dem politischen Spektrum genommen. Wenn also eine Koalition mit den Freiheitlichen, dann nur eine mit den FPÖ-Wählern, aber nicht mit der FPÖ und Jörg Haider."

Was der ÖVP-Chef damals erklärte, kann ein Jahr später nicht ganz falsch sein. Es stimmt zwar – und ich habe selbst in meinem Buch „Der Haider-Macher" dafür argumentiert –, dass Demokratie den Wechsel braucht und Österreichs Sozialdemokraten viel zu lange an der Regierung waren. Nur sollte man stets wissen, wohin und zu wem man wechselt. Es mag auch richtig sein, das manches, was seitens führender europäischer Politiker seit den Wahlen am 3. Oktober 1999 über die österreichische Politik gesagt wurde, verlogen klingt und auch verlogen ist. Nur, rechtfertigen z.B. individuelle fremdenfeindliche Äußerungen von Jacques Chirac oder einzelnen deutschen Politikern die systematisch fremdenfeindliche Politik der FPÖ seit Anfang der 90er Jahre?

Mit anderen Worten gibt es viele gute Gründe für die Reaktion der vierzehn Partnerstaaten – auch und gerade wegen Haiders Äußerungen im Zusammenhang mit der Geschichte des 20. Jahrhunderts und insbesonders jener der nationalsozialistischen Herrschaft. Auch hier ist jedes Misstrauen berechtigt, selbst wenn Haider in jüngster Zeit nicht müde geworden ist, sich immer wieder aufs Neue für früher Gesagtes zu entschuldigen. Mit seinen Entschuldigungen ist er nämlich sehr spät dran. Noch zu Beginn des Jahres 1999 hat er etwa auf die Richtigkeit seiner acht Jahre zuvor im Kärntner Landtag getätigte Äußerung über die „ordentliche Beschäftigungspolitik" im Dritten Reich beharrt.

Das vorliegende Buch bietet Argumentationshilfen für eine sachliche Auseinandersetzung über Jörg Haider und die seinet – und seiner Partei wegen gegen die österreichische Bundesregierung gesetzten Sanktionen innerhalb der EU. Haider wird hier nicht interpretiert, sondern zitiert. Nicht um ihn als Faschisten oder Post-Nationalsozialisten zu überführen, sondern um ihn so zu zeigen, wie er denkt und ist – ein selbstverliebter Vertreter einer unappetitlichen, kleinbürgerlichen und revanchistischen Politik.

An dieser Stelle möchte ich es nicht verabsäumen, jenem zu danken, der dieses Buch erst durch seine unermüdliche Arbeit möglich gemacht hat: meinem Mitarbeiter und Kollegen *Johannes Högl*. Sein und mein Dank gilt *Florian Klenk*, der uns seine Sammlung von Haider-Zitaten zur Verfügung gestellt und uns so wesentliche Ergänzungen ermöglicht hat.

Hubertus Czernin,
Wien, im März 2000

Über Geschichte

Erst die Niederlage des „Großdeutschen Reiches“ führte zur Geburt des sogenannten volksösterreichischen Gedankens. Damit steht Österreich vor einer Wahl, die seine Entwicklung auf unabsehbare Zeit entscheidet, das deutsche Volk vor der Gefahr, weitere 7 Millionen Menschen zu verlieren. [...] Die Deutschen Österreichs sind ein Grenzvolk und daher Mischungen mit benachbarten Völkern ebenso ausgesetzt gewesen wie alle Deutschen, die sich in ähnlicher Grenzlage befinden. Zahlenmäßig sind aber nur die Mischung zwischen Deutschen und Slowenen im Kärntner Grenzland und die Einwanderung von Tschechen nach Wien sowie in die Industriegebiete Niederösterreichs erwähnenswert. Sie haben nie ein solches Ausmaß erreicht, dass damit etwa die deutsche Volkszugehörigkeit der Österreicher auch nur in Frage gestellt worden wäre. Die Anziehungskraft, die Wien als Weltstadt ausübt, läßt sich durchaus mit der anderer Weltstädte vergleichen. Wenn man aber aus diesem Grund behaupten wollte, dass Wien keine deutsche Stadt sei, dann dürfte man auch Paris nicht mehr als französische und London nicht mehr als englische Stadt bezeichnen.

Beim Redewettbewerb des „Österreichischen Turnerbundes“ (ÖTB) in Innsbruck 1966[1]

Ein Adolf Hitler und der Nationalsozialismus waren keinesfalls Erscheinungen, die gleichsam aus dem Nichts entstanden und vielleicht gar die Gestalt gewordene „Häßlichkeit“ der deutschen Wesenheit darstellen. [...] Die Ursache [...] ist vielmehr in jenem verderblichen Friedensvertrag von Versailles zu

[1] aus *National-Zeitung und Soldaten-Zeitung*, 29. 7. 1966.

suchen, der für Österreich sein Ebenbild im Vertrag von St. Germain 1919 findet. [...]
Diese Sicht macht aber auch deutlich, dass die von manchen heute beschworene Angst vor einer Hitler-Nostalgie nichts anderes als ein abzulehnendes Ablenkungsmanöver darstellt.

Kärntner Nachrichten, 7. September 1977

Wir haben hier einen Antrag eingebracht, der darauf abzielt – ich sage es hier ganz offen –, ein Ehrenzeichen der Republik zu schaffen, weil für viele Freiheitskämpfer in diesem Staate Ehrenzeichen vergeben wurden, aber die Kärntner Abwehrkämpfer von seiten der österreichischen Öffentlichkeit bis zur heutigen Stunde noch keine einzige Anerkennung in dieser Richtung erfahren haben. [...] Es gibt das sogenannte Opferfürsorgegesetz, das sehr deutlich zum Ausdruck bringt – es wurde 1947 geschaffen –, dass damit Begünstigungen für einen Kreis von Personen geschaffen werden sollen, die sich besondere Verdienste um die Unabhängigkeit Österreichs und um das demokratische in Österreich erworben haben. Es geht beim Gesetz nicht nur um Konzentrationslager. Aber es ist ein Vergleich, und man zeigt damit, dass hier eine Form und eine Art von Freiheitskämpfern eine besondere Würdigung vor dem Gesetz erfahren hat. Ich glaube, mit Fug und Recht hier behaupten zu können, dass selbstverständlich auch die Kärntner Abwehrkämpfer Freiheitskämpfer waren und daher einen Anspruch haben, in diesem Staate gleichberechtigt behandelt zu werden.

42. Sitzung des Nationalrats, XV Gesetzgebungsperiode, 2. Juli 1980

Man darf sich nicht damit begnügen, dass Kärnten frei und ungeliebt bleibt. Dieses Land wird nur dann frei sein, wenn es ein deutsches Land sein wird.

profil, 13. August 1984

Hat Verteidigungsminister Frischenschlager mit der Begrüßung von Walter Reder einen Fehler gemacht?
Ich habe bereits deutlich gemacht, dass ich das nicht so sehe. Für mich war das die Übernahme des letzten österreichischen Kriegsgefangenen.
Hätten Sie als Minister Reder ebenso willkommen geheißen?
Nachdem Major Reder ein Kriegsgefangener war, braucht sich die Republik seiner nicht zu schämen.
Ist die Waffen-SS, der Walter Reder ja angehörte, in ihren Augen eine „Verbrecherorganisation"?
Ich schließe mich da der Aussage eines ehemaligen westdeutschen Bundeskanzlers an, der sagte, die Soldaten der Waffen-SS waren Soldaten wie andere auch.

NHB-report, Nr. 18, Folge 1/1985

Die Rückkehr von Walter Reder hat beträchtlichen Staub aufgewirbelt. Die finsteren Ereignisse der Vergangenheit werden beschworen und Reder zur Symbolfigur für alle Greueltaten erklärt. Das ist betrüblich und erschütternd. Denn Walter Reder war Soldat wie Hunderttausende andere auch. Er hat seine Pflicht erfüllt, wie es der Eid des Soldaten gebietet. [...] Sein Schicksal ist die tragische Lebensgeschichte eines Soldaten, dessen Tun nicht mit Greueltaten des NS-Regimes verglichen werden kann. Das Schicksal Walter Reders hätte jeden unserer Väter ereilen können.

Kärntner Nachrichten, 14.Februar 1985[2]

Die FPÖ ist keine Nachfolgeorganisation der NSDAP, denn wäre sie es, hätte sie die absolute Mehrheit.

Pressekonferenz der FPÖ in Klagenfurt, 17. Februar 1985

---

[2] Der aus Österreich stammende ehem. SS Obersturmführer Walter Reder wurde 1951 von einem italienischen Militärgericht als Hauptverantwortlicher für das Massaker in Marzabotto (mehr als 1000 Tote) zu lebenslanger Haftstrafe verurteilt.

profil: *Welche NS-Verbrecher und Verbrechen fallen Ihnen ein.*
Haider: Darüber denke ich nicht nach.
profil: *Weshalb?*
Haider: Weil ich gar keinen Grund habe, mich mit den grauenhaften Vorgängen der damaligen Zeit auseinanderzusetzen.
profil: *Sollte das nicht jeder tun, schon gar jeder Politiker, der in der aktuellen Reder-Diskussion seinen Mund aufmacht?*
Haider: Ich bin engagierter Demokrat und Feind jedweder Diktatur. Ich habe die Vergangenheit längst bewältigt.
profil: *[...] Ist es Ihrer Meinung nach ein ungebührliches Verlangen, von den Söhnen der Täter und NS-Mitläufer auch heute noch Trauerarbeit zu erwarten?*
Haider: Ich glaube, dass die Generation, der ich angehöre, halt andere Gesichtspunkte und Probleme hat, mit denen sie sich auseinandersetzen muss.
profil: *[...] Was würde denn ein Dr. Haider einem jungen Israeli über die Schuld der Väter und die Dummheit des Kameraden Frischenschlager erzählen?*
Haider: Ich glaube, dass man von den Versuchen, mit der Kollektivschuld-These zu operieren, Abstand nehmen sollte.
profil: *Ich wollte eigentlich nicht hören, wovon man Abstandnehmen sollte, sondern was Sie sagen würden.*
Haider: Für mich hat es eine Ära gegeben, in der es zu kriegerischen Auseinandersetzungen gekommen ist, in die unsere Väter verwickelt waren. Und gleichzeitig hat es im Rahmen des NS-Regimes Vorgänge gegeben, die nicht zu akzeptieren sind. An denen waren aber keine Familienmitglieder von mir beteiligt.
profil: *Höre ich richtig: „Vorgänge." Was nennen Sie Vorgänge?*
Haider: Na ja, es waren Aktivitäten und Maßnahmen gegen Bevölkerungsgruppen, die eklatante Verstöße gegen die Menschenrechte waren.
profil: *Haben Sie Schwierigkeiten, von Vergasungen und Massenmord zu sprechen?*
Haider: Wenn Sie so wollen, dann war es halt Massenmord.

Profil: *Würden Sie das auch so bezeichnen?*
Haider: Es ist ja nachgewiesen, dass es so was gegeben hat.
Profil: *[...] War die NS-Diktatur eine wie jede andere?*
Haider: Ich glaube, dass man graduelle Unterschiede bei totalitären Systemen nicht machen soll. Sie sind insgesamt abzulehnen.
Profil: *Die Naziherrschaft hat sich durch nichts von anderen Diktaturen unterschieden?*
Haider: Es ist nicht meine Aufgabe zu prüfen, ob Diktaturen anderswo humaner sind.
profil: *Die NS-Diktatur war die inhumanste?*
Haider: Diese Wertung haben Sie vorgenommen. Ich werte nicht.

profil , 18. Februar 1985

Erst die Niederlage des Großdeutschen Reiches führte zur Geburt des sogenannten volksösterreichischen Gedankens. Damit steht Österreich vor einer Wahl, die seine Entwicklung auf unabsehbare Zeit entscheidet, und das deutsche Volk vor der Gefahr, weitere sieben Millionen Menschen zu verlieren. Die politische Lage hat ... die nationalen Kräfte in Österreich vor neue Aufgaben gestellt. Die vornehmste dieser Aufgaben ist die Abwehr aller Bestrebungen, die auf eine Loslösung Österreich vom Deutschtum gerichtet sind.

Auf dem Bundesparteitag der FPÖ in Innsbruck
14. September 1986

Die Soldaten in Stalingrad, gleichgültig ob Deutsche oder Österreicher, haben sich geopfert, um die Heimat zu schützen.

Am Tag seiner Wahl zum FPÖ-Obmann
laut Unterlagen des DÖW[3]

---

3 DÖW: Mappe RE 84/13

Der Männer des Ersten und Zweiten Weltkrieges, die ihr Leben gaben, um ihrer Heimat die Zukunft zu sichern, sei zu dieser Stunde und an diesem Ort gedacht, ebenso auch den zahllosen Opfern unter der Zivilbevölkerung, Frauen und Kindern, die schutzlos den Bomben und Granaten ausgesetzt waren. [...] Dass es möglich war, unsere Heimat aus den Trümmern des Krieges wieder aufzubauen und zu materiellem Wohlstand zu führen, ist ebenfalls dieser Generation zu danken – einer Generation, die ständigen Verunglimpfungen ausgesetzt ist. Das Soldatentum wird von bestimmten Kreisen beschimpft und besudelt. An der Ehre der Gefallenen und Lebenden des Weltkrieges putzen sich so manche Herren nur allzu gerne ihre Schuhe ab – aber die Wählerstimmen dieser Gruppe wollen sie doch. [...] Es ist beschämend, wenn man sieht, wie Menschen, die alles gegeben haben, was sie zu geben hatten – nämlich ihr Leben – von Drückebergern und politischen Opportunisten mit Dreck beworfen werden. [...] Damit muss ein für allemal Schluß sein. Es ist unverständlich, warum unsere Väter und Großväter Verbrecher sein sollen, wie so viele Politiker lautstark verkünden. Ich stehe zu dieser Kriegsgeneration, zu den Toten wie zu den Lebenden.

Freiheitlicher Pressedienst , 2. November 1986

Der Bundesparteiobmann wurde auch auf seine Teilnahme an der vielfach als SS-Treffen bezeichneten regelmäßigen Veranstaltung auf dem Kärntner Ulrichsberg angesprochen. Haider wertete die Ulrichsberggemeinschaft als Friedenstreffen.
[...] Gefragt, ob er nicht an SS-Treffen teilnehmen werde, sagte Haider, er werde sicher nicht an SS-Treffen teilnehmen, die Teilnahme an einem Friedenstreffen werde er sich freilich nicht verbieten lassen.

Freiheitlicher Pressedienst , 5. November 1986

profil: *Wäre es in ihren Augen respektgebietend, wenn ein solcher Soldat zu den Partisanen flüchtet, um an ihrer Seite gegen Hitler zu kämpfen?*
Haider: Aus meiner Sicht wäre so jemand ein Verräter, weil er damit ja nicht Hitler, sondern seinen eigenen Waffengefährten geschadet hätte. [...]
profil: *Ich verstehe und respektiere, dass man von sich selbst sagt, ich brächte es nicht fertig, als Partisan auf meine Landsleute zu schießen, aber das heißt doch nicht, dass man Leute, die sich aus sehr anständigen Motiven für diesen Widerstandskampf entschieden haben, Verräter nennen kann.*
Haider: Ich glaube, dass in einer solchen Situation der Kampf ums Überleben im Vordergrund steht.
profil: *Warum ist einer, der als Partisan überleben will, ein Verräter?*
Haider: Weil er sich damit gegen seine Kameraden wendet.
profil: *Aber er wendet sich nicht gegen seine Kameraden, sondern gegen ein Regime, für das seine Kameraden leider kämpfen. [...]*
Haider: Theoretisch mag das stimmen, praktisch glaube ich, dass der einzelne Soldat, wenn er von der Unsinnigkeit des Krieges überzeugt ist, nur das Recht hat, die Waffen niederzulegen.

profil, 16. März 1987

Man dürfe nicht zulassen, dass „Schmutzkübel über einer ganzen Generation ausgeschüttet" werden. Gerade die USA hätten kein Recht, als Richter aufzutreten: „Als Gralshüter der Moralität kann sich nur ein Staat aufspielen, der selbst eine reine Weste hat, nicht aber, der zugeschaut hat, wie Hunderttausende Sudetendeutsche aus ihrer Heimat ausgetrieben wurden, und der als erster eine Atombombe geworfen hat."

Kleine Zeitung , 17. Mai 1987

So wie Bronfman hat selbst Goebbels in den Umbruchtagen nicht gegen Österreich gehetzt!

Kleine Zeitung , 22. Jänner 1988

Ich will mehr Selbstbewusstsein. Für mich gibt es überhaupt keine Kollektivschuld. Nach dem Krieg sind viele verfolgt, bestraft, zum Tode verurteilt worden, die sich als Nationalsozialisten gegen Menschenrechte und Hab und Gut der Bevölkerung versündigt haben. Alleine in Österreich sind 36 durch die Todesstrafe umgekommen. Tausende wurden eingesperrt, 500.000 haben politische Rechte verloren. Das ist vorbei. Eine zweite Abrechnung ist fragwürdig.

Wiener 2/1988

Es sei „stets dieselbe Gruppe der Vergangenheitsbewältiger, die mit Schuldzuweisungen" auftrete. Im Falle des Jahres 1938 gelte es, „der Opfer, der Ermordeten, der gefallenen Soldaten, der Witwen und Waisen und der schwergeprüften Mütter zu gedenken". Statt dessen aber werde heute die Vergangenheitsbewältigung allzu häufig als „Vergewaltigung der Vergangenheit" betrieben. Besonders die Schule habe als Bildungsorganisation in diesem Falle kläglich versagt. Österreichs Freiheitliche wollen nun keineswegs eine Art alternative Geschichte in ihrem Sinne schreiben, das Gedenken an das Jahr 1938 dürfe allerdings nicht zu einem „Femegericht der Umerzieher, bei dem die geschichtslose Generation als Geschworne" auftritt, werden.

Kärntner Nachrichten, 11. Februar 1988.

Das wissen Sie so gut wie ich, dass die österreichische Nation eine Missgeburt gewesen ist, eine ideologische Missgeburt, denn die Volkszugehörigkeit ist die eine Sache und die Staatszugehörigkeit ist die andere Sache, und wenn man es jemandem freistellt, sich als slowenischer Österreicher zu bekennen, als ungarischer, als kroatischer, dann muss es auch möglich sein, sich als deutscher Österreicher zu bekennen. Und das ist auch das, was in unserem Programm formuliert ist.

ORF-Inlandsreport, 18. August 1988

Man muss damit leben, wenn man nicht mit den Wölfen heulen will, wenn man nicht an Meinungsmache, sondern an der historischen Wahrheit interessiert ist. Heute ist es nicht mehr möglich, so wie in den vergangenen Jahren, mit einem Denkverbot eine bestimmte Art historischer Betrachtung für sakrosankt zu erklären.

Die Welt, 27. Dezember. 1988

Der Hitler war kein nationaler Mensch. Einer, der national ist, schenkt doch nicht Südtirol her!

taz, 11. Jänner 1989

Welche geschichtlichen Gestalten verabscheuen Sie am meisten?
Churchill, Stalin.

Kleine Zeitung, 29. Jänner 1989

Kein Land in unserer Republik hat soviel für die Einheit des Landes getan, kein Land hat so entschlossen für die Heimat gekämpft, und kein Volk war so opferbereit für diese Republik wie das Kärntner Volk. Die geistige Erneuerung der Republik bedarf auch eines sorgfältigeren Umgangs mit ihrer eigenen Geschichte, denn wie soll denn sonst die Jugend in unserem Land einen gelebten Patriotismus an den Tag legen, wenn die Vorbilder weggenommen werden. Am Kärntner Wesen könnte auch diese Republik genesen!

ORF Alltagsgeschichten, 14. August 1989

Wiedervereinigung in der kleinen Version.

Zur deutschen Wiedervereinigung, Die Aula, 9/1990

In Wien würden FPÖ-Politiker behandelt, „wie man früher die Juden behandelt hat.“ [...] „Die sind nicht nur ermordet, sondern auch ausgegrenzt worden.“

APA, 18. Juni 1991

Denkmalsturm und Bücherverbrennung sollten in einem demokratischen Staat nicht mehr auf der Tagesordnung stehen, sagte heute FPÖ-Bundesparteiobmann Dr. Jörg Haider bei einer Gedenkfeier für die Soldaten beider Weltkriege in Kärnten. Der Versuch, ein Denkmal für die gefallenen Soldaten des Ersten Weltkrieges an der Universität Wien durch linke Kräfte zu beseitigen, sei schlicht und einfach ein Skandal. Haider erinnerte daran, dass die Freiheit, welche heute für uns selbstverständlich sei, ohne die Opfer beider Weltkriege nicht existieren würde. Es sei traurig und enttäuschend, wenn sich sogar ein Wissenschaftsminister wie Erhard Busek auf die Seite der Denkmalstürmer stelle und wenn er das Soldatendenkmal als Altlast, die zu beseitigen wäre, bezeichnet.

Freiheitlicher Pressedienst, 3. Juli 1990

Sehr geehrte Frau Landtagspräsidentin, Herr Militärkommandant, Herr Bürgermeister der Landeshauptstadt Klagenfurt, sehr verehrte Festgäste, Männer und Frauen, die Sie hierher gekommen sind, um mit uns heuer am Ulrichsberg ein würdiges Gedenken zu begehen! Immer dann wenn in Kärnten die Blätter sich verfärben, und der Herbst ins Land zieht, sind es Tausende Menschen, die aus ganz Europa, und wie wir heute gesehen haben, aus der ganzen Welt hierher kommen, um ein würdiges und stilles Gedenken als Dank für die Heimkehr nach einem fürchterlichen Völkerringen abzugeben. Es sind Menschen, die hierher kommen, die aber nicht nur persönlich Dank sagen, dass ihnen das erspart geblieben ist, was vielen als Los zuteil wurde. Sondern es sind auch viele Menschen, die hierher kommen, um in einem stillen schmerzvollen Gedenken daran zu erinnern, dass sie das verloren haben, was ihnen das Wertvollste war, als Mann, als Sohn, als Familienmitglied. Und es kommen viele hierher, die auch jenen unzähligen namenlosen Soldaten gedenken wollen, die in der Weite der Schlachtfelder Europas irgendwo gefallen sind, für die es kein Kreuz gibt, für die es kein Grab gibt und für die es bis heute

kein Gedenken gibt. Und es kommen jene hierher, die auch miterlebt haben, oder daran denken wollen, dass in Gefolge der fürchterlichen kriegerischen Auseinandersetzungen in Europa auch Vertreibung und Schmach für Millionen Menschen noch immer nicht in der Geschichte richtig gewürdigt wurde. Es ist aber nicht nur das stille Gedenken, das Tausende Menschen zusammenführt, sondern es ist auch die Begegnung mit jenen, die einstmals auf der anderen Seite gestanden sind. Was die Mächtigen in der Politik und an den Staatsführungen bis heute nicht vermochten, nämlich einen dauerhaften, glaubwürdigen und überzeugenden Handschlag zwischen den Feinden von einst herbeizuführen, hat die Begegnung am Ulrichsberg durch das Zusammenführen der Feinde von einst geschafft. Der Handschlag ist über die Gräben des Krieges erfolgt. Und so steht es also geschrieben am Ulrichsberg als Vermächtnis der Heimgekehrten:
„Siehe", hat man mitgeteilt, „Vaterland, das haben wir Dir zurückgebracht: Unsre Tapferkeit, unsre Liebe, geweiht durch das Opfer von Zehntausenden. Es wird Dir viel bedeuten müssen, heute und für alle Zukunft." Und fast hat es den Anschein, dass dieser Ruf und dieses Vermächtnis des Ulrichsberg auch wirklich erhört worden ist. Denn das, was wir in den letzten Monaten miterlebt haben, ist etwas, was eine ganz gewaltige Veränderung dieser europäischen Landschaft darstellt. Und mit der deutschen Wiedervereinigung können wir auch sagen, dass auch politisch damit zum Ausdruck gekommen ist, dass das Ende der Nachkriegszeit nach 1945 tatsächlich eingeleitet wurde. Dass aber auch jenes beseitigt wurde, was immer wie eine Hypothek über diesem Europa lastete, nämlich jene schmachvolle Vereinbarung von Jalta, die eine Machtaufteilung in Reichs- und Machthälften in dieser Welt vorgenommen hat. Eine Entwicklung in Europa, die durch mutige Männer und Frauen, die bisher in Unfreiheit leben mussten, eingeleitet wurde, die aber nicht möglich gewesen wäre, wenn nicht ein klägliches Scheitern des Sozialismus im Osten Europas diese

Entwicklung ermöglicht hätte und wenn nicht höhere Einsicht der Machthaber in diesen menschenverachtenden Systemen erkannt hätten, dass sie die Freiheit und die Zukunftsentwicklung dieser Menschen nicht mehr einschränken dürfen. Mit diesem Scheitern, mit dem Untergang der menschenverachtenden Unterdrückungssysteme im Osteuropa sind die Dämme gebrochen, ist die ideologische Zweiteilung, die wie ein Stich durch das Herz Europas gegangen ist, beendet worden. Die Chance, meine Männer und Frauen, auf einen dauerhaften Frieden in Europa ist größer geworden, wenngleich dieses Europa nicht sicherer geworden ist. Vieles wird von kommenden Monaten und Jahren abhängen, wie diese neue Chance eines größer und freier gewordenen Europas zu nützen sein wird. Eines kann aber sicher sein: Europa hat erstmals nach dem Ende des Zweiten Weltkrieges im wahrsten Sinne des Wortes zu sich selbst gefunden. Man hat aus der Geschichte gelernt, man hat gelernt, dass nicht die Angst, der Zweifel und das Mißtrauen zwischen den Völkern die Grundlage für einen dauerhaften Frieden sein kann. Oder sagen wir es, wie es Präsident Havel sehr eindrucksvoll formuliert hat, wenn er meint: „Angst vor der Geschichte ist bei uns nicht nur Angst vor der Zukunft, sondern auch Angst vor der Vergangenheit." Ich würde sogar sagen, dass diese zwei Ängste sich gegenseitig bedingen. Wer das fürchtet, was sein wird, der fürchtet sich gewöhnlich auch davor, dem ins Gesicht zu sehen, was gewesen ist.

Und das ist der entscheidende Schritt in Richtung Versöhnung der Ereignisse, in Richtung Versöhnung auch der Heimkehrer mit jener Geschichte, für die sie gestanden sind: Wenn es die Chance gibt, auch stärker als bisher der historischen Wahrheit über die wirklichen Vorgänge des Krieges und der politischen Entscheidungsfindung Rechnung zu tragen. Denn wir müssen zur Kenntnis nehmen, dass nicht alles, was in den letzten Jahrzehnten hier an angeblicher historischer Wahrheitsfindung produziert worden ist, auch dem entspricht, was wirklich das Schicksal der Schicksalsgang Europas gewesen ist.

Der erste Weltkrieg war eine Folge eines nicht mehr haltbaren südslawischen Nationalismus, der vor allem die große Vielvölkerfamilie in der österreichisch-ungarischen Monarchie auseinandergerissen hat. In der Folge wurde ein Fehler durch den anderen ersetzt, indem man in der Friedenskonferenz von Versailles und St. Germain der Zerstückelung und gegen jedes Selbstbestimmungsrecht verstoßenden Einteilung und Aufteilung Europas zugestimmt hat. Was dazu geführt hat, dass ideologische Maßlosigkeit und politischer Wahnsinn dieses Europa in eine nächste Katastrophe getrieben hat. Das Selbstbestimmungsrecht als die einzige Grundlage für eine dauerhafte friedliche Ordnung in Europa kam in dieser Zeit unter die Räder. Weil man nicht erkannte, dass es keinen Frieden, aber auch keine Freiheit für die Menschen – welches Volk auch immer – geben würde, wenn nicht das Recht auf Selbstbestimmung die Grundlage der gemeinsamen Entwicklung sei. Und so ist es auch an uns, nach Jahrzehnten des Endes des 2. Weltkrieges, und vielleicht gerade auch an mir als einem Vertreter der noch jüngeren Generation, der es erspart geblieben ist, diese fürchterlichen Ereignisse der kriegerischen Auseinandersetzungen selbst miterleben zu müssen, einmal hier festzuhalten, dass diese Soldatengeneration nicht nur nach 1945 in ganz Europa eine großartige Aufbauarbeit geleistet hat, sondern endlich einmal davon frei gemacht werden muss, dass ständig die falsche Geschichtsschreibung den Eindruck zu erwecken versucht, als gäbe es so etwas wie eine kollektive Schuld der Soldaten. *(Beginn Applaus)* Kollektive Schuld gibt es nicht! *(Applaus Ende)*
Unsere Soldaten waren nicht Täter, sie waren bestenfalls Opfer, denn die Täter saßen woanders und haben zu keiner Zeit der historischen Entwicklung im zwanzigsten Jahrhundert jenen Mut, jene Tapferkeit, jene Ehre aufbringen müssen, die die Soldaten im grauen Feldrock draußen an der Front täglich zu beweisen hatten. *(Versuchter Applaus)* Diese Soldatengeneration hat wahrlich für ihr Vaterland Treue, Tapferkeit, und

Liebe zurückgebracht, wie es am Ulrichsberg festgeschrieben ist. Diese Soldatengeneration hat sich nichts vorzuwerfen, denn letzlich kann sie sich nur vorwerfen, in eine Zeit hineingeboren geworden zu sein, in der sie ihre schönste Zeit, die Jugend, an eine Katastrophe verloren hat und in der sie aus dieser Jugend vielfach in Unfreiheit alt und grau geworden ist.
Meine Damen und Herren, nur wer die Friedlosigkeit selbst erlebt hat, weiß, wie notwendig es ist, Frieden zu halten. Nur wer selbst in Unfreiheit gelitten hat, weiß um den Wert der Erhaltung der Freiheit. Nur wer selbst Gewalt erdulden musste, weiß um die Bedeutung der Menschenwürde als unverzichtbares Gut. Eure Opfer, Männer und Frauen der Soldatengeneration, sollen für dieses Europa daher nicht umsonst gewesen sein. Eure Opfer werden erst in den nächsten Jahren in das richtige Licht gerückt werden, weil an der Gesamtentwicklung dieses Europa deutlich gemacht wird, dass die Grundlage von Euch für Frieden und Freiheit gelegt wurde. Mit der Wiedervereinigung Deutschlands ist ein erster Schritt gesetzt worden, aus dem ersichtlich ist, dass die Geschichte es nicht nur mit den Deutschen, sondern auch mit Europa gut gemeint hat und dass jene letzlich ihre Meinung revidieren müssen, die davon gesprochen haben, das Ziel und die Forderung nach einer Wiedervereinigung auch der Deutschen in einem Staat sei die Lebenslüge der Bundesrepublik Deutschland gewesen. Wer die Grenzfragen offen läßt – und das ist Gott sei dank nicht geschehen – hätte die Tür zum europäischen Frieden zugeschlagen. Daher war es klug und weise, diese Wiedervereinigung ohne neuerliche Diskussion über gegebene Grenzen zu führen, weil sonst die Chance für den dauernden Frieden verloren gewesen wäre. Jetzt ist eine Chance für einen Frieden in Freiheit für alle gegeben, weil jener trügerische Friede in Unfreiheit durch Jahrzehnte hindurch zu nichts geführt hat. Dafür haben Sie gekämpft, dafür hat auch Ihre große Generation sehr viel gegeben. Dafür musste Ihre Generation auch nach dem Ende des zweiten Weltkrieges persönlich sehr viel einstecken. Und es

ist vielleicht auch an der Zeit, hier klarzustellen, dass in der Zukunft auch die junge Generation und jene, die die Verantwortung in Europa zu tragen haben, gut beraten wäre, wenn man nicht zwischen guten und schlechten Soldaten der älteren Generation unterscheiden würde. Denn es kann doch nicht so sein, dass jene, die auf der Siegerseite gestanden sind, als Helden gefeiert werden, während jene, die auf der Verliererseite gestanden sind, zu Verbrechern gestempelt werden. *(Applaus)*
Und es kann auch nicht so sein, dass man in der Öffentlichkeit den Eindruck erweckt, wie das in unserem Land derzeit der Fall ist, dass es gegen den Zeitgeist wäre, Soldaten- und Kriegerdenkmäler auch weiterhin zu pflegen und ihnen die nötige Anteilnahme zukommen zu lassen. Wir erleben es, dass höchste Persönlichkeiten des öffentlichen Lebens, bis hinein in unsere Regierung, allen Ernstes die Meinung vertreten, man könnte Denkmäler, die an die Soldaten und Gefallenen der beiden Weltkriege erinnern, eigentlich schön langsam wegräumen. Das ist der zweifelhafte Mut jener, die sich ohne ihr eigenes Zutun ins gemachte Nest der Demokratie und der Wohlstandsgesellschaft gelegt haben und nicht erkennen, wem sie das eigentlich zu verdanken haben. *(Bravorufe)*
Das ist der zweifelhafte Mut jener, die an ihren Schreibtischen Gedankengebilde erfinden – wie etwa die Historikerin Weinzierl *(Gelächter im Publikum)*, die allen Ernstes der Meinung ist, dass dies nicht mehr zeitgemäß ist. *(Unruhe im Publikum)*
Es wird die Zeit kommen, wo solche Historiker nicht mehr zeitgemäß sind, *(unverständlich, geht im Applaus unter) (Bravorufe, Applaus)*
Den Toten und Gefallenen die Ehre zu erweisen, ist keine Modeerscheinung, meine Damen und Herren, sondern ist eine zeitlose Verpflichtung. Nur kulturlose Völker mißachten das Opfer ihrer Toten. Daher betrachten wir es als eine besondere Provokation, wenn vor wenigen Tagen in einer Broschüre, die anläßlich einer Schulfeier in Villach herausgegeben wurde, über den Ulrichsberg nachgedacht wird, und dies in einer

Weise erfolgt, die einfach nicht hingenommen werden kann. An der HTL in Villach hat in dieser Schülerbroschüre der allseits bekannte Janko Messner *(Unruhe im Publikum, Murren)* die Meinung vertreten, dass jenes Vermächtnis, das ich heute vorgetragen habe, und das in einer Schrift am Ulrichsberg niedergelegt ist, raschest beseitigt werden sollte *(Unruhe im Publikum, Murren)*. Nicht das Vermächtnis der Heimgekehrten sollte als Treue und Tapferkeit und Liebe, die zurückgebracht worden ist, formuliert werden, sondern er formulierte uns gleich die Alternative dazu, wenn er sagt: Vermächtnis der Heimgekehrten – sollte heißen: „Siehe, Vaterland, das haben wir Dir zurückgebracht: unsere angeschissenen Unterhosen, unsere wimmelnden juckenden Läuse, unsere heldenhaft bammelnden Stummelbeine, unsere lustig zuckenden Stummelarme, unser erloschenes Augenlicht, unsere infolge Schreckensstarre über Nacht ergrauten Haare, unsere zu frühen Kahlköpfe, geweiht durch irrsinnige Hekatomben, durch sauhatzmäßig geschlachtete Opfer des wahnsinnigen Gefreiten Hinkel, den der Kapitalismus Vorsehung und Schicksal hat spielen lassen."

Meine Damen und Herren, geistige Freiheit ist in einer Demokratie etwas Selbstverständliches, aber sie findet dort ihre Grenzen, wo Menschen jene geistige Freiheit in Anspruch nehmen, die sie nie bekommen hätten, hätten nicht andere für sie den Kopf hingehalten, dass sie heute in Demokratie und Freiheit leben können. *(Bravorufe, Applaus)*

Daher möchte ich auch hier als Landeshauptmann klar sagen, dass wir Kärntnerinnen und Kärntner in der überzeugenden Mehrheit stolz sind, dass diese Begegnungsstätte am Ulrichsberg in unserem Lande beheimatet ist und dass es große Persönlichkeiten des Landes Kärnten waren, die sich die Verdienste um die Errichtung und Entwicklung dieser Ulrichsberggemeinschaft erworben haben und daraus wirklich eine großartige europäische Begegnung für Frieden und Freiheit gemacht haben. Wir haben uns für niemanden, der hierher kommt, zu entschuldigen. Daher ist es auch unsinnig, ständig von jenen, die den Ulrichsberg organisieren und durchführen, zu verlangen, sie mögen sich von bestimmten Waffengattungen ehemaliger Armeen abgrenzen und diese von der Teilnahme ausschließen. *(Unruhe im Publikum, Rufe: Ha!)* Kein einziger Soldat – welcher Waffengattungen auch immer, die im Zweiten Weltkrieg oder im Ersten Weltkrieg im Einsatz war – hat es verdient, von dieser würdigen Feier ausgeschlossen zu werden. Und niemand hat auch nur im entferntesten einen Grund, in unserem Land, sich von diesen und ihrem Besuch zu distanzieren. Alle sind sie uns herzlich willkommen! *(Bravorufe, Applaus)*

Wir wollen nicht jene Zustände haben, wie sie in manchen europäischen Staaten an der Tagesordnung sind, leider auch in der Bundesrepublik Deutschland, wo durch linke Demonstrationen von halbgebildeten Besserwissern Soldatentreffen verboten wurden, weil man sich dafür geniert hat, dass es diese ältere Generation noch gibt. Wir Kärntnerinnen und Kärntner, wir wissen, dass die Geschichte Respekt, Anerkennung und auch Ansporn sein muss, um einiges Handeln an den geschichtlichen Vorbildern zu messen. Denn ohne unsere Verbundenheit mit dem historischen Wirken der Männer und Frauen in diesem Lande wäre die Entwicklung dieser Heimat auch anders verlaufen. Und daher sind wir stolz, dass wir heuer die 70. Wiederkehr jener Kärntner Volksabstimmung feiern, die das erste, leuchtende Fest der Selbstbestimmung eines Volkes in Europa nach Ende des Ersten Weltkrieges gewesen ist. Wir werden in würdiger Form diese 70. Wiederkehr der Kärntner Volksabstimmung begehen als ein Ereignis, das für Österreich von höchster Bedeutung war. Denn als noch andere darüber nachgedacht haben, ob sie überhaupt in diesem Restösterreich das angeblich damals keiner wollte, sein wollen, haben die Kärntnerinnen und Kärntner mit der Waffe in der Hand dafür gesorgt, dass dieses Kärnten frei und ungeteilt bei der jungen Republik verbleiben konnte. *(Applaus)*

Dieses Kärnten ist vorbildlich gewesen für das Werden einer Republik in einem stürmischen und in sich zerrissenen Europa. Dieses Kärnten hat viel Anerkennung verdient, aber nicht erhalten. 70 Jahre war es notwendig zu warten, bis es uns gelungen ist, nach langen Diskussionen, den ehemaligen Abwehrkämpfern – und nur mehr wenige leben davon – und den tapferen Frauen des Abwehrkampfes endlich einmal auch die gebührende Auszeichnung der Republik Österreich zuteil werden zu lassen. *(Versuchter Applaus)* Vor wenigen Tagen ist dieser feierliche Akt nun endlich vollzogen worden. Und wir freuen uns darüber, dass die wenigen, die das persönlich noch erleben durften, es stellvertretend für viele, die in der Zwischenzeit von uns gegangen sind, empfangen haben. *(Versuchter Applaus)* Das hätten wir schon früher erwartet, weil überall in der Welt ist es selbstverständlich, Freiheitskämpfer auszuzeichnen, zu ehren und ihre Tradition hochzuhalten, nur in Österreich muss man sich jahrzehntelang bemühen, dass jene Anerkennung finden, die für diese Republik gestanden sind und ihr Leben garantiert haben. *(Beginn Applaus)* Meine Damen und Herren, (Applaus Ende) die Geschichte erfordert langsam ihre Anerkennung und es ist notwendig, dass manches erst in die Hirne der Entscheidungsträger hineinkommt, was noch dort an Bildung nicht vorhanden ist. *(Gelächter, Applaus)* Daher werde ich auch – das habe ich immer deutlich gemacht -, daher werde ich auch in Zukunft mich weigern, so wie man da in der Vergangenheit von mir haben wollte, die sogenannte Befreiungsmedaille der Republik Österreich an ehemalige Angehörige der Titopartisanen zu verleihen *(Zurufe: Ho!)*, weil auf Kärntner Boden kein Feind dieses Landes ausgezeichnet werden wird, solange ich Landeshauptmann bin. *(besonders starker Applaus, Bravorufe)*

Wir haben allen Grund, Selbstbewusstsein und Patriotismus, wie er in Kärnten entstanden ist, auch für die gesamte Republik zu fordern. Denn letztlich kann nur auf der Grundlage einer gemeinsamen Überzeugung des Schutzes und der

Schutzwürdigkeit unserer Heimat jenes Klima und jener Geist gedeihen, der auch im Krisenfall und auch im Bedrohungsfall dieses Land durch die eigene Kraft sicher gestaltet. Wir haben es in der Hand, dieses Europa durch unseren Beitrag in eine friedliche und gute Entwicklung zu führen. *(Versuchter Applaus)* Wir haben es in der Hand, das Selbstbestimmungsrecht der Völker in einer Weise durchzusetzen, wie wir es uns vor Jahren noch nicht erträumt hätten und damit den Frieden auch mit einer falsch verstandenen Geschichtsschreibung zu machen. Der Ulrichsberg hat vielen Menschen Selbstbewusstsein zurückgegeben. Der Ulrichsberg hat auch klar bekundet, dass es keine volle Freiheit geben kann, wo nicht die volle Wahrheit der Geschichte Anerkennung findet und Farben bekommt. *(Applaus)*
Der Ulrichsberg möge daher seine Aufgabe auch in der Zukunft wahrnehmen und ausstrahlen, von hier durch jene Menschen, die jährlich zu ihm kommen und jene erfassen, die bisher noch der Botschaft des Ulrichsberges für ein friedliches und freies Europa ihr Herz verschlossen haben. *(starker, nicht endenwollender Applaus, Bravorufe; Leute erheben sich)*

Rede am Ulrichsberg, 7.Oktober 1990

Na, das hat's im Dritten Reich nicht gegeben, weil im Dritten Reich haben sie ordentliche Beschäftigungspolitik gemacht, was nicht einmal Ihre Regierung in Wien zusammenbringt. Das muss man auch einmal sagen.

Rede vor dem Kärntner Landtag, 13. Juni 1991[4]

Dass da keine Missinterpretation entsteht – das, was ich gesagt habe, war eine Feststellung von Tatsachen, dass im Dritten Reich eine große Anzahl von Arbeitsplätzen durch eine intensive Beschäftigungspolitik geschaffen worden ist und damit das Los der Arbeitslosigkeit beseitigt wurde – aus Anlass einer

---

[4] ORF Abendjournal , 13. 6. 1991

Debatte, die wir heute gehabt haben, dass in Österreich immer mehr Menschen arbeitslos werden, und gleichzeitig importieren wir immer mehr Ausländer, die dann unsere Arbeit machen sollen.

ORF-Morgenjournal vom 14. Juni 1991

Wenn mit zweierlei Maß gemessen wird – *wenn also eine Anklage wegen des Verdachts der Wiederbetätigung gegen ihn erhoben werde* – dann werde ich österreichweit alle jene Menschen mobilisieren, die für Gerechtigkeit und Sauberkeit und Ordnung in der Justiz eintreten, und die sich nicht mehr gefallen lassen, dass Kleinkriminalität im öffentlichen Dienst toleriert wird, aber mißverständliche Meinungsäußerungen zu Vorhabensberichten an die Oberstaatsanwaltschaft in Graz führen.

Haiders Reaktion auf massive Kritik an seinen Äußerungen über die „ordentliche Beschäftigungspolitik im Dritten Reich" laut „Der Standard", 15./16. Juni 1991

Es wird immer deutlicher, dass das, was ich gesagt habe, eine historische Tatsache ist, an der es nichts zu rütteln gibt.

Über die ordentliche Beschäftigungspolitik, Junge Freiheit, 9/1991

Es ist eine historische Tatsache, dass in Österreich Leute an der Macht bleiben, die stehlen, die betrügen, die vor Gericht lügen; aber jene, die die historische Wahrheit sagen, die werden zum Rücktritt gezwungen.

Junge Freiheit, 9/1991

Haider erklärte, er habe zur Beschäftigungspolitik der NS-Zeit nichts gesagt, was man ihm vorwerfen könnte. Diese Ereignisse von Kärnten seien wichtig gewesen, weil es „jetzt kein Tabu mehr in der Geschichtsdiskussion" gebe.

Der Standard, 14. Oktober 1991

Zu ehren seien jene, die Einsatzbereitschaft für Frieden und Freiheit ihres Heimatlandes zeigen würden, und nicht ehemalige Tito-Partisanen. Es seien all jene zu ermahnen, die glauben würden, sich an der Geschichte Kärntens die Füße abstreifen zu können, schloß Haider.

Freiheitlicher Pressedienst, 21. Juli 1991

Kein Volk kann auf die Dauer mit einer Kriminalisierung seiner eigenen Geschichte leben, und damit muss auch in Österreich einmal Schluß ein.

Neue Freie Zeitung, 15. Jänner 1992

K. P.: *Glauben Sie wirklich, dass diese Soldaten [der Deutschen Wehrmacht], die Demokratie in Österreich erkämpft haben [...]? Glauben Sie das, oder ist das eigentlich nur eine taktische Aussage, die Sie machen, um eine gewisse Wahlklientel bei der Stange zu halten?*
Haider: Ich glaub', das ist verkürzt, wenn man das so sieht, denn ich habe davon gesprochen, dass der Kampf der Soldaten dazu beigetragen hat, die Gefahr des Kommunismus zurückzudrängen, was in der Tat ja auch nicht bestritten wird, und damit die Möglichkeit geboten, dass Österreich den Anschluß im westlichen Bereich an demokratische Verhältnisse gefunden hat, sonst wären wir vielleicht ein Teil des kommunistischen Imperiums gewesen, ohne Demokratie.
K. P.: *Aber ohne Aggressionskrieg wäre doch die sowjetische Armee gar nicht nach Österreich gekommen und hätte gar nicht Osteuropa okkupiert.*
Haider: Die Frage habe ich nicht zu untersuchen, denn da ist die Geschichte sehr stark im Fluß, dass die Frage zu stellen ist, wie denn die Aggressionsabsichten auf beiden Seiten gewesen sind.

Interview Karl Pfeifer mit Jörg Haider, 25. Jänner 1993

Für die wiedererstandenen Demokratien Deutschlands und Österreichs hat sich eine historische Last ergeben, die, ob man es wahrhaben will oder nicht, auf das Gewissen drückt. Vergangenheitsbewältigung ist zum Schlüsselwort dafür geworden, ob wir wieder den klaren Blick für unsere Geschichte gewinnen, aus der die Zukunft wächst. Nur: Man kann die Vergangenheit nicht bewältigen. Bewältigen muss man die Gegenwart. Das wird aber viel leichter, wenn man aus der Vergangenheit lernt.

Aus Haider: Die Freiheit, die ich meine, S. 107

Von Vergangenheitsbewältigung wird gesprochen, Geschichtsfälschung jedoch betrieben. Ein Bild wurde konstruiert, das maßgeschneidert war für die Einbettung in eine Nachkriegsordnung und für die Anpassung an die Mächte im Westen wie im Osten, die diese Ordnung diktierten. Mit der Fiktion, Österreich sei das „erste Opfer Hitlers" gewesen, schob man die Mitverantwortung ab. Mit der Forcierung des Begriffs der Österreichischen Nation wollte man weniger die Heimatliebe fördern als die kulturellen Bande zu Deutschland durchtrennen.

Aus Haider: Die Freiheit, die ich meine, S. 108

Millionen von Frontsoldaten glaubten, aufopfernd und selbstlos ihr Leben für ein Vaterland einzusetzen, das durch die Versailler Verträge beinahe in den Ruin getrieben worden wäre und nun erneut und noch viel stärker durch Stalins Kommunismus bedroht sei. Demokratie, funktionierende Rechtsstaatlichkeit und soziale Sicherheit war diese Generation ohnedies schon längst nicht mehr gewöhnt. Welche grauenhaften Verbrechen sie mit ihrem idealistisch motivierten Einsatz unfreiwillig mit deckten, wußten sie nicht und wenn, dann erst viel zu spät.

Diese Menschen zu verurteilen ist einfach. Human ist es nicht. Vor allem hilft es in keiner Weise, die Sinne für die Zukunft zu schärfen: damit es eine solche in die Katastrophe führende

Gutgläubigkeit nicht mehr gibt. Sich offen der eigenen Geschichte zu stellen heißt, sich auch dazu zu bekennen. Jedenfalls ist Schluß mit der permanenten Kriminalisierung der eigenen Geschichte zu machen, gleichsam als wäre das Leben der Kriegsgeneration ein einziges Verbrecheralbum.

Aus Haider: Die Freiheit, die ich meine, S. 115-116

Die Österreicher tragen für dieses dunkelste Kapitel der Geschichte keine kollektive Schuld, aber ebensoviel Verantwortung wie die Deutschen. Das ist die Wahrheit. Mit dem Erbe dieser sieben schrecklichen Jahre müssen wir in Aufrichtigkeit und Ehrlichkeit miteinander leben. Die Augen zu schließen und dieses Erbe anderen anzulasten ist unwürdig. Es ist auch politisch gefährlich, um so mehr, als damit wesentliche andere Kapitel der Geschichte und damit unserer Identität dunkle, aber auch viele strahlende, weggewischt werden sollen.

Aus Haider: Die Freiheit, die ich meine, S. 118

Wenn man die von der jüngeren historischen Forschung zweifelsfrei belegten Erfolge der Beschäftigungspolitik im Dritten Reich auch nur erwähnt, steht man sofort unter der Drohung der Klage wegen Wiederbetätigung und muss als Politiker sofort zurücktreten.

Aus Haider: Die Freiheit, die ich meine, S. 199

Als politischer Ketzer der Moderne gewinnt man aus der Geschichte Distanz zur Mittelmäßigkeit der Herrschenden. Ein Unterschied, der verpflichtet. Eine Herausforderung, die anzunehmen ist, weil es ein Vaterland guttut. In unserer Zeit wimmelt es ohnedies von vaterlandslosen Gesellen, die, wie etwa der SP-Mann Peter Glotz, den Deutschen einreden wollen, dass Deutschland den Deutschen nicht mehr allein gehören darf.

Aus Haider: Die Freiheit, die ich meine, S. 249

I was misunderstood [...] What I said was that between 1933 und 1936 Hitler had a successful policy on unemployment. I didn't meant to support Nazism.

Interview in der „Herald Tribune" im Oktober 1994

Haider warnte davor, dass man das Ansehen der Republik aufs Spiel setze, wenn „ein paar Verrückte" ständig den Nationalsozialismus beschwörten, und erklärte, dass er es als Selbstverständlich empfinde, auch die ältere Generation zu verteidigen.

Freiheitlicher Pressedienst, 15. Jänner 1995

Das Nichtintegrieren einer ethnischen Minderheit, die schon einmal vor 50 Jahren fast vernichtet wurde in den Straflagern des Nationalsozialismus, sie wieder auszusiedeln und auszugrenzen, hängt damit zusammen, dass man, den Willen, den man hier bekundet, in der praktischen Politik gar nicht einbringt.

Kurier, 9. Februar 1995

Es waren nicht viele, die 1945 Grund zur Freude hatten oder gar Grund, stolz zu sein. Die Widerstandskämpfer, die diesen Namen auch verdienen, waren zum größten Teil nach dem Juli 1944 hingerichtet worden. Und viele, die sich heute mit dem Widerstand schmücken, haben diese ihre Berufung erst angesichts des Herannahens der Alliierten entdeckt. Gar nicht erst zu reden von den heutigen Berufswiderstandskämpfern, die 1945 noch nicht einmal geboren waren.
[...] Meine Freunde, die Befreiung von Hitler war noch lang keine Freiheit für uns. Das war die Freiheit der Sowjets, die Freiheit der Vergewaltigungen, die Freiheit Stalins und damit vielleicht die Freiheit derer, die im ORF das Sagen haben. Unsere Freiheit war das nicht. Da unterscheiden wir [uns] ganz deutlich von den Linken. Unsere Freiheit war diejenige, die Leopold Figl vom Belvedere verkündete, zehn Jahre später.

Jörg Haider, 50 Jahre zweite Republik – Rückblick und Ausblick, Rede im Palais Auersperg, 26. April 1995

Und nun geht man daran, mit Scholtens[5] Hilfe die gesamte Wehrmacht zu kriminalisieren, eine entsprechende Ausstellung nach Wien zu bringen. Wohl nach dem Motto: Großväter, ihr habt eure Schuldigkeit getan, ihr habt den Wiederaufbau der zweiten Republik geleistet, ihr habt uns Rote und Schwarze brav gewählt. Ihr habt uns mit dem Fleiß eurer Hände getragen und finanziert. Aber jetzt seid ihr nur mehr wenige. Wir brauchen euch nicht mehr: Habt also Verständnis dafür, dass wir, um eure Enkel zu verängstigen, euch nun den Fußtritt geben."

Jörg Haider 50 Jahre Zweite Republik – Rückblick und Ausblick, Rede im Palais Auersperg, 26. April 1995

Meine sehr geehrten Damen und Herren, liebe Freunde, Kärntnerinnen und Kärntner, liebe Gäste! Ich darf Sie ebenfalls herzlich willkommen heißen zu unserer Sommersonnenwende, einer Feier, die wir in sehr traditioneller Form auch heute dadurch begehen, dass Gruppen, die der Volktumspflege verpflichtet sind, sich mit uns gemeinsam um den Feuerstoß eingefunden haben, um ein Fest zu begehen, dass für viele in unserem europäischen Kulturkreis keine Bedeutung mehr hat. Und trotzdem ist es vielleicht wichtig, gerade dieses Fest der Sommersonnenwende und seinen großen traditionellen Gehalt und von seinem Hintergrund ein wenig ins Gedächtnis zu rufen, um zu wissen, wie wichtig es eigentlich wäre, Sonnenwende hinauszutragen zu den Menschen. Was hat es in der Geschichte für eine Bewandtnis mit dieser Sommersonnenwende? Im Grunde genommen eine ganz einfache; es ist weder ein besonders anrüchiges Fest, noch ist es ein besonders kompliziert zu verstehendes Fest. Es ist ganz einfach daher gekommen, dass die Menschen in früheren Zeiten, sehr sehr weit zurückliegend, in einer viel direkteren Form mit der

[5] Rudolf Scholten war Unterrichtsminister von 1991 bis 1994 und Wissenschaftsminister von 1994 bis Jänner 1997

Natur und ihrer Umwelt zusammengeschmiedet gewesen sind. Die Menschen haben beobachtet, wie sich im Laufe eines Jahreskreises das Leben für sie verändert hat und welche Aufgaben ihnen die Natur gestellt hat. Und immer dann, wenn es so Mitte Juni gekommen ist, da haben sie festgestellt, dass der Tag immer langer geworden ist und die Nacht immer kürzer geworden ist. Das ist eigentlich der tiefere Sinn der Sonnenwende. Die Menschen haben am 23. Juni, so rundherum um diese Tage, das Fest der Sonnenwende gefeiert und ihrer Freude Ausdruck gegeben, dass das Licht den Sieg über die Dunkelheit, über die Nacht errungen hat. Man kann nun sagen, naja, das ist an sich nichts Besonderes. Für Menschen in früheren Jahren ist sehr etwas Besonders gewesen, beispielsweise für die vielen Bauern, die es damals gegeben hat und die eigentlich die Nahrung für Menschen bereitstellen mussten, die sehr hart mit der Natur ringen mussten, um dieses Werk zu vollbringen. Daher war es ganz wichtig, dass es viel Licht gab, viel Sonne gab. Denn dort, wo die Sonne aufgekreuzt ist, dort wo die Sonne vorhanden war, dort war auch das Zeichen für das Reifen in den Feldern gegeben. Es war also das Signal, dass jetzt die Erntezeit beginnen würde, die Felder stehen in der Reife, die Chance, eine reiche Ernte nach Hause zu bringen und damit über den harten Winter zu kommen und viele Hungrige wieder ernähren zu können- Dieses Fest war es wert, gebührend gefeiert zu werden. Und wenn man nun sagt, na gut, wir leben in einer modernen Zeit, mit der wir uns dank EU-Verordnungen sogar schon genetisch manipulierte Nahrungsmittel leisten können, die überhaupt nie mehr mit dem Bauern zu tun gehabt haben, wo die künstlich ganz einfach gezüchtet werden. Was brauchen wir das alles? Ich glaube, dass wir es trotzdem brauchen, diese Besinnung auf die Sonnenwende, denn auch uns als moderne Bürger dieser Zeit, wird doch dann und wann wenigstens klar, dass wir nicht alleine in dieser Welt stehen. Und dass wir nicht ohne Bindungen und ohne Rücksicht auf die Natur leben können. Gerade in den letzten Tagen hat eine Diskussion Kärnten wieder erfaßt, als es um die Spülung eines Kraftwerkes gegangen ist. Und plötzlich haben wir erkannt, dass wir tatsächlich in der Lage sind, den Gletscherschliff, der in Graz in seinen Kraftwerkssee aufgefüllt hat und damit die Wirtschaftlichkeit des Kraftwerkes bedroht, das alles zu versanden droht. Wir sind zwar technisch in der Lage, das zu bereinigen, aber wir müssen auf der anderen Seite auch darauf Rücksicht nehmen, dass wir mit der technischen Lösung nicht gleichzeitig unsere eigene Existenzgrundlage mit der Natur durch die Zerstörung dieser Natur in Frage stellen. Und dieses Angewiesensein von Mensch auf Natur ist etwas, was wir heute ein bißchen stärker empfinden sollten. Auch wir sind, bei allen technischen Möglichkeiten, bei aller geistiger Brillanz des Menschen darauf angewiesen, dass wir letztlich doch in die Gesetzmäßigkeiten unserer Natur und unserer Umwelt eingebunden fühlen müssen. Wir müssen uns eingebunden fühlen, denn dort, wo wir schonungslos – etwa dem Tourismus zuliebe – unsere alpinen Regionen erschließen, mit dem groben Bagger hineinfahren und Schipisten ausschieben ohne Rücksicht auf Verluste, schlägt die Natur unbarmherzig zurück. Lawinen, Murenabgange, Verschüttungen, Katastrophen sind die Folge. Dort wo wir nicht umgehen können mit den natürlichen Lebensgrundlagen, etwa mit unserem Wasser, indem wir die Landwirtschaft zwingen, immer intensiver zu wirtschaften und zu immer mehr Chemie zu greifen und damit auch unser Grundwasser in Frage zu stellen, werden wir bald selbst nachdenken müssen, wie wir denn und was wir denn eigentlich lebenswerten Lebenswelt unseren Kindern zu übergeben bereit sind. Wenn man bedenkt, dass in diesem modernen Europa, von dem alle so groß reden heute, vor allem der Meinung, dass das eine großartige Sache ist. In der heimlichen Hauptstadt dieses Europas, nämlich in Brüssel, es noch nicht einmal möglich war, eine Kanalisation zustande zu bringen und damit ein Symbol gesetzt wurde für den zustand dieser modernen Welt. Bei der manches Glitzernde und Flim-

mernde wichtiger ist, als die Harmonie mit der Natur und letztlich auch die Absicherung unserer Existenzgrundlage. Dazu gehört auch letztlich die Sicherung des Wassers.
Das alles sind Fragen, die wir uns aus Anlaß dieser Sonnenwende vornehmen sollten und vorlegen sollten. Fragen, die nicht der einzelne lösen kann, die aber nur dann gelöst werden, wenn wir auch bereit sind, gemeinsam Verantwortung zu tragen, ist letztlich ein moralischer Appell, den wir von der Sonnenwende ausgehend heute mitnehmen. Ein moralischer Appell, dass der Mensch sich so gut sein soll, dass er auch auf die Natur angewiesen ist. Ein moralischer Appell, dass die Menschen sich bewusst sein sollen, dass es auch in einer modernen Gesellschaft den bäuerlichen Menschen geben muss und geben soll. Der auch weiterhin dafür sorgen wird, dass wir Kulturland erleben können. Der auch weiterhin dafür sorgen wird, gerade hier in unserem kleinen Österreich, dass die Menschen mit gesunden Nahrungsmitteln ausgestattet werden. Und es ist nicht so sicher, wie viele der rund 270.000 bäuerlichen Betriebe die Zukunft auch wirklich erreichen werden. Nicht zuletzt deshalb, weil schon nach einem Jahr nach dem EU-Beitritt sich herausgestellt hat, dass gerade die Bauern es sind, die diese neue, diesen neuen Schritt in die europäische Gemeinsamkeit besonders zu spüren bekommen. Zu spüren bekommen durch dramatisch verfallene Preise, durch Kunstprodukte, die auf die Märkte kommen, aber auch durch die Unfähigkeit eines Genossenschaftssystems sich rechtzeitig auf die neuen Herausforderungen vorzubereiten. Das alles tut weh, schafft letztlich Probleme und zerstört Gewachsenes. Denn wir müssen uns bewusst sein, dass vieles von dem, was uns lieb geworden, was uns selbstverständlich ist, was uns alltäglich geworden ist, hat seinen Ursprung im bäuerlichen Wesen- Jede Form der Kultur in Europa hat in seinem Ursprung die bäuerliche Kultur. Auch das, was wir heute hier erleben. Dass wir im Kreise von Freunden und von Kulturträgern dieses Fest feiern, hat damit etwas zu tun, dass das Brauchtum, die

Überlieferung, die Tradition in unserem Kärntnerland zumindest noch so wach ist, dass es viele Menschen gibt, die sich der Pflege dieses Brauchtums verschreiben. Dass es Menschen gibt, denen es bewusst ist, dass das Hochhalten auch der Tradition, der Rücksichtnahme auf die gemeinsame Verantwortung für unsere Lebenswelt darstellt. Und wir leben heute in einer Welt, meine Damen und Herren, in der es uns manchmal zu leicht gemacht wird. In der wir es uns abgewöhnt haben, über das, über die Verantwortung in der Gemeinschaft nachzudenken. In der wir alles dem Staat delegieren. In der es Solidarität immer weniger gibt, weil es ja ohnedies den Staat gibt, der mit seinen Apparaten, mit seiner Bürokratie, mit seinen Beamten das machen soll, was wir als Gemeinschaftsverantwortung nicht mehr wahrnehmen wollen. Wir halten Leute in die Heime, weil sie den Familien lästig fallen; die behinderten Kinder in den Unterbringungsanstalten, damit wir sie nicht mehr sehen. All das, was uns lästig geworden ist, schieben wir ab. Ob es gut ist, wage ich sehr zu bezweifeln. Denn die gesellschaftlichen Defekte stellen sich doch heute ein. Diese, dieser Mangel an Solidarität hat viele Menschen auch innerlich sehr abgewandt. Sie suchen etwas. Gerade die, die am größten, den größten Wohlstand leben, weisen die größte innerliche Leere auf. Es fehlt ihnen etwas. Und wir leben heute in einer Welt, meine Damen und Herren, in der wir es immer wieder erleben, dass eigentlich Gemeinschaft, Familien so was wie ein Rückzugsgefecht vornehmen. Wir leben in einer Welt, in der die Verantwortung für den Nächsten nicht mehr gefragt ist. Nicht umsonst müssen sich freiwillige Feuerwehren, Rettungsverbände krampfhaft bemühen, freiwillige Helfer zu finden, weil es immer unnotwendiger erscheint, für viele sich in den Dienst der Gemeinschaft zu stellen. Weil es ist ja alles selbstverständlich geworden. Und in dieser Welt haben wir es uns auch angewöhnt zuzusehen, dass mit diesem Rückzug der Gemeinschaftsverantwortung von uns allen der Mensch und die menschliche Gesellschaft manchmal Züge zeigt, die beängstigend sind. Wir blicken ins Fernsehen und haben eigentlich nur mehr Gewalt vor uns. Wir schauen in die Zeitung und stellen fest, dass die meisten Seiten mit Katastrophen gefüllt sind. Nicht solche, die uns auch betreffen. Zwischenmenschliche Katastrophen. Der tägliche Mord, die Gewalt in der Familie, die Gewalt unter Jugendlichen, die Tatsache, dass ältere Menschen sieben Jahre lang in einer Wiener Gemeindewohnung liegen können – verstorben, ohne dass sie den Nachbarn aufgefallen sind. Das ist doch ein Alarmzeichen einer geistig auch abgetretenen Gesellschaft. Und das ist es, was wir meinen, wenn wir Sonnenwende begehen, was meine Vorrednerin Sigrid gemeint hat, dass wir uns zu Werten bekennen. Eine wertelose Gesellschaft hat keine Zukunft. Werte stellen immer das dar, was auch durch die Tradition, durch die Erfahrung, durch das Klügerwerden der Menschen über Generationen hinweg mitgegeben wird und immer dann beiseite geschoben wird, wenn Gesellschaften sich abgewöhnen, ihre Zukunft vernünftig zu organisieren.

Eine wertelose Gesellschaft ist gefährlich. Eine wertelose Gesellschaft wird heute gezüchtet. Eine wertelose Gesellschaft ist auch heute im Sinne mancher, der in der Politik Verantwortung trägt. Ob Peymann, ob Heller, ob Scholten, wie alle sie heißen, sie haben etwas im Sinn mit dieser Gesellschaft. Denn sonst wäre es nicht möglich aus Anlaß der Fünfzigjahrfeier dieser Republik, am Heldenplatz ein Fest zu machen, wo der Kommunist und Künstler Turrini mit Billigung dieser drei Herren die Festrede hält und völlig zwanglos feststellt, dass diese Republik in Wirklichkeit von Mördern aufgebaut wurde. Und, dass sich mehr als die Hälfte der österreichischen Bevölkerung mit den Mördern von Oberwart solidarisiert. Alles möglich in diesem Österreich. Ich frage mich nur, ob das auch jene Geisteshaltung ist, der wir uns verbunden fühlen sollen? Denn, meine Damen und Herren, wo wäre dieses Österreich hingekommen, hätte es nicht über die Generationen hinweg – nicht die Mörder, sondern die vielen Helden gegeben, die auch für diese Heimat ihr Leben gelassen haben. Die auch für diese Heimat geopfert haben. Ob im Ersten oder im zweiten Weltkrieg. Ob als Verschleppte oder Heimatvertriebene. Das alles, meine Damen und Herren dürfen wir nicht vergessen. Und umso fürchterlicher ist es, wenn man erleben muss, dass heute, nach fünfzig Jahren des Ende des Zweiten Weltkrieges, in Deutschland und jetzt auch nach Österreich überschwappend, Ausstellungen organisiert werden, wo plötzlich den jungen Menschen eingeredet werden soll, dass ihre Großeltern und ihre Eltern nicht tapfere und anständige Soldaten gewesen sind, sondern Verbrecher gewesen sind. Da werden wir also dann den komischen Zustand haben, dass auf vielen Friedhöfen in Österreich die sowjetischen Besatzungssoldaten Heldengräber bekommen, aber dass unsere eigenen Familienangehörigen als Verbrecher bezeichnet werden. So kann's ja wohl nicht sein. Und ich glaube, dass wir alle, die Kärntner das am besten verstehen, die auch heuer das fünfundsiebzigste Jubiläum der Kärntner Volksabstimmung feiern. Wenn wir hier den Blick in Richtung Süden wenden, dann sehen wir die Grenze und wissen auch ganz genau, dass die ältere Generation vor fünfundsiebzig Jahren, vor fünfzig Jahren für dieses Land geleistet hat, das es frei und ungeteilt verbleiben konnte. Dass dafür ein Beitrag geleistet wurde, dass wir nicht zum Spielball internationaler Vereinbarungen gemacht wurden. Und jeder weiß, was es heißt, wenn das Schicksal eines Landes von internationalen Institutionen abhängig gemacht wird. Und sie alle wissen das spätestens seit den Ereignissen, wie sie sich heute am Balkan abspielen. Was heißt hier, Selbstbestimmungsrecht eines Volkes, wenn man sieht, wie schwächlich die UNO, wie kläglich die Europäische Union und wie verworren die Amerikaner dort zwangsweise versuchen, einigermaßen Frieden herzustellen. Also war es richtig und gut, dass die Kärntnerinnen und Kärntner vor fünfundsiebzig Jahren sich auf ihre eigenen Füße gestellt haben und unmißverständlich auch gegen den Willen der Wiener Zentralregierung ihren Weg gegangen sind und ihren

Abwehrkampf geführt haben und damit dazu beigetragen haben, dass der südlichste Teil der jungen Republik Österreich frei und ungeteilt bei dieser Heimat verbleiben konnte. Sind sie deshalb Verbrecher, im Laufe der Geschichte? Wäre es nicht klüger, den Appell auch an jene zu richten, die sich sehr leicht über die historischen Tatsachen hinwegsetzen, einmal zuerst die Geschichte zu studieren, bevor sie Urteile treffen. Einmal selbst darüber nachzudenken, wem sie denn die Freiheit verdanken, die sie so schrankenlos ausüben und dazu verwenden, um andere in ihrer Freiheit zu gefährden. Das wäre es, was eine werteorientierte Gesellschaft von heute auch mitnehmen sollte. Und das ist es, was wir als Geist der Sonnenwende zu denken haben, wenn wir uns in dieser Zeit um den Feuerstoß versammeln, um wenigstens ein paar Minuten im Laufe eines Jahres ein wenig ernster zu werden und nachzudenken. Ernster, weil es notwendig ist, manchen Weg zu korrigieren, den heute unsere Gesellschaft gegangen ist. So hat Sonnenwende im Laufe der Jahrzehnte und Jahrhunderte seine Bedeutung nicht verloren, sondern ist ein immer neuer Appell an uns alle, sich des Verhältnisses von Mensch und Natur zu besinnen und auch zu erkennen, dass wir eine Gemeinschaftsverpflichtung übernommen haben in guten wie in schlechten Tagen, auch für das verantwortlich zu sein, was uns lieb geworden ist, was uns als Heimat anvertraut ist, um letztlich auch die Freiheitsentwicklung dieser Menschen in dieser Heimat in eine gute Zukunft zu führen und sicherzustellen. Sonnenwende 1995 ist nicht ein altes Fest, sondern es ist ein Appell, dass wir gemeinsam über das nachdenken, was unsere Verantwortung ist.

Sonnwendfeier, Vassach in Kärnten, 17. Juni 1995, abends

Haider: Ich habe gesagt, dass die Wehrmachtssoldaten die Demokratie in Europa wie wir sie heute vorfinden, ermöglicht haben. Hätten sie nicht Widerstand geleistet, wären Sie nicht im Osten gewesen, hätten sie nicht die Auseinandersetzung geführt, dann hätten wir.....

profil: *Was heisst „Widerstand geleistet", das war ja ein Eroberungsfeldzug der Deutschen Wehrmacht.*
Haider: Dann müssen wir heute beginnen zu fragen, wie das wirklich war. In der offiziellen Geschichtsschreibung haben die Deutschen begonnen [den 2. Weltkrieg, Anm. d. Verf.], selbstverständlich.[...]
profil: *Wenn wir das richtig verstehen, heißt das, es muss Ihrer Ansicht nach die Geschichte des 2. Weltkriegs, insbesondere jene über Kriegsschuld, neu geschrieben werden?*
Haider: Ich will mich mit diesen Geschichten gar nicht befassen, sondern ich sage, wie immer die Geschichte im Laufe der Zeit noch facettenreicher wird, ist das nicht mein Problem.
profil: *Sobald es auf die Geschichte kommt, machen Se eine Fehlleistung nach der anderen. Wie kommt das?*
Haider: Wo liegt hier die Fehlleistung?
profil: *Beim Begriff der ‚offiziellen' Geschichtsschreibung über den Beginn des 2. Weltkriegs – da steckt die Grundthese einer rechtsradikalen, revisionistischen Geschichtsschreibung dahinter, die in einschlägigen Verlagen immer wieder publiziert wird, nach dem Motto, es gäbe eine offizielle und eine wahrhaftige.*
Haider: Das habe ich nicht gesagt, das ist eine bösartige Unterstellung. Ich habe gesagt, in der offiziellen Geschichtsschreibung ist das so, und das ist so zur Kenntnis zu nehmen.

profil, 21. August 1995

Vom Grundsatz her ist anzuerkennen: Derjenige, der als Widerstandskämpfer versucht hat, das politische System auszuheben oder die Führung zu beseitigen, der ist für mich Widerstand.
Es gibt ja auch Leute, die versucht haben, Sabotage gegen des Nazi-System zu machen.
Das ist für mich die Grenze. ich sage, jene, die die Fronttruppen sabotiert haben, damit die draußen verhungern oder von den Gegnern liquidiert werden, weil sie keinen Nachschub be-

kommen haben, die haben meiner Meinung nach keinen Widerstand, der zur Beseitigung des Systems führt, geleistet.

profil, 21. August 1995

Meine sehr geehrten Damen und Herren, liebe Freunde, ich bitte um Verständnis, wenn ich so spät komme, aber wir haben eine große Veranstaltung heute in Salzburg gehabt. [...] Ich habe mir gedacht, es ist vielleicht ganz gut, auch ein öffentliches Zeichen zu setzen, nachdem wieder einmal das Treffen und der Ulrichsberg so in Diskussion gewesen ist, dass klargemacht wird, dass es keine Schande ist, sich mit den Teilnehmern am Ulrichsbergtreffen als österreichischer Politiker zu treffen, und ich freue mich daher, dass ich Euch auf Kärntner Boden wieder alle herzlich begrüßen darf.
(Der FPÖ-Chef geht dann auf einen deutschen Teilnehmer ein, der sich am Saaleingang für einen unfreundlichen Haider-Empfang in Hamburg entschuldigt hat. Haider spricht von den Chaoten auf der Hafenstraße) [...] die ja vom Nichtstun reich werden, und das ist ein Grund, dass ich glaube, dass man ein Gegengewicht setzen muss [...], dass die jüngeren Generationen und die Jugend eine Zukunft in einem Gemeinwesen hat, in dem auch Ordnung, Gerechtigkeit und Anständigkeit noch Prinzipien sind, die zur Durchsetzung gebracht werden.
Weil die Ulrichsbergfeier heuer so in Diskussion ist: Es ist eine Diskussion entstanden in Österreich, ob das zulässig ist, wenn ein Minister dort auftritt. Wir leben halt wirklich in einer Zeit, in der political correctness, wie das so schön heißt, der Tugendterror, auch über die Medien und über jene, die im öffentlichen Leben etwas zu reden haben, verbreitet wird und man einfach versucht, jene Treffen und Begegnungen von der älteren Generation, die eigentlich nur in einer Gemeinsamkeit daran denken Will, was sie alles durchgemacht hat, miterlebt hat, wofür sie gelitten hat, wofür sie gestanden ist und wofür sie heute noch steht, zu diskriminieren. Da gibt es natürlich

viele, die sich nicht mehr so recht trauen, da mitzumachen, die sich sagen, na ja, vielleicht könnte ich Probleme kriegen, wenn ich dort dabei bin, wenn ich dort gesehen werde. Und da verabschieden sich dann manche Politiker und sagen, ich gehe zwar hin, aber ich werde nie reden dort, oder ich gehe eh nicht hin, bitte schreibt nichts Böses über mich. Ich möchte einmal wissen, ob jemand von jenen, die zu feige sind, dort hinzugehen, oder die ständig den Stab über das Ulrichsbergtreffen brechen, ob sie einmal ein vernünftiges Argument sagen können. Es gibt nämlich keines, außer dass man sich ärgert, dass es in dieser Welt einfach noch anständige Menschen gibt, die einen Charakter haben und die auch bei größtem Gegenwind zu ihrer Überzeugung stehen und ihrer Überzeugung bis heute treu geblieben sind. Und das ist eine Basis, meine lieben Freunde, die auch an uns junge weitergegeben wird. Von der wir letztlich auch leben, und daher haben wir gemeinsam mit Euch die Aufgabe, etwa dafür zu sorgen, dass Ausstellungen, wie sie heute etwa von Deutschland ausgehen, nach Österreich hereinkommen, um über die Wehrmacht aufzuklären, wo also plötzlich die Wehrmacht oder die Teilnehmer und Angehörigen der Deutschen Wehrmacht als Verbrecherbande dargestellt werden. Das ist jetzt üblich. Und auch bei uns in Österreich läuft eine derartige Ausstellung mit Unterstützung von der öffentlichen Hand, denn dafür haben wir ja das Geld. Wir geben Geld für Terroristen, wir geben Geld für gewalttätige Zeitungen, wir geben Geld für arbeitsscheues Gesindel, und wir haben kein Geld für anständige Menschen.

Ich werde mit meinen Freunden immer dafür eintreten, dass dieser älteren Generation Respekt erwiesen wird, Respekt erwiesen wird für ihren Lebensweg, Respekt für das, was sie durchgemacht haben, Respekt vor allem für das, was sie für uns bewahrt haben. Das ist etwas sehr Entscheidendes. Und jeder, der heute mitmacht, der sagt, dass die Angehörigen der Kriegsgeneration, der Wehrmacht, alles Verbrecher gewesen sind, der beschmutzt letztlich seine eigenen Eltern, seine eigene Familie, seine eigenen Väter, und ein Volk, das seine Vorfahren nicht geehrt hält, ist soundso zum Untergang verurteilt. [...] Ich wünsche Euch ein großes, schönes Treffen, ich wünsche Euch dabei schöne Begegnungen und das Treffen mit vielen Freunden und Kameraden. Ich nehme auch an, dass auch meine Eltern wieder oben sein werden, wie es zur Tradition gehört, aber uns beschimpfen sie eh schon, also daher ist es völlig egal. Man lebt auch – wie hat der Wilhelm Busch gesagt: „Ist der Ruf erst mal ruiniert, lebt es sich ganz ungeniert." Ich lebe nicht ungeniert, aber besser so, wenn die Karten am Tisch liegen. [...]

Rede vor SS-Veteranen in Krumpendorf, 30. September 1995
Aus: profil Nr. 2, 8. Jänner 1996

Die Waffen-SS war Teil der Wehrmacht und es kommt ihr daher alle Ehre und Anerkennung zu.

ORF, 19. Dezember 1995

Zum Beschluß des Nürnberger Kriegsverbrecherprozesses, mit dem die Waffen-SS als verbrecherische Organisation aufgelöst wurde, fällt Haider ein: „Ich kann mich an einen solchen Beschluß nicht erinnern. Das interessiert mich überhaupt nicht."

ZiB 2, Jänner 1996[6]

Es gibt kein wie immer geartetes Lob des Jörg Haider an die Waffen-SS oder sonst irgend etwas. Sie wissen, dass das Ganze, würde ich sagen, inszeniert worden ist aus hochpolitischen Gründen.

Mittags-ZiB, 9. Jänner 1996

[6] DÖW: ARCHIV, Neues von rechts, Jänner 1996

Alle ehemaligen Weltkriegssoldaten bitte sollten eigentlich den Saal verlassen, sonst wird das wieder irgendein Nazi-Treffen, was heute stattgefunden hat.

ORF *Morgenjournal, 22. Juni 1996*

Unser Patriotismus, unsere Zuneigung zu diesem Land ist gewachsen und gereift. Unser Patriotismus gründet auch auf der Geschichte mit ihren guten wie auch bösen Seiten. Darum beneiden uns unsere „politisch korrekten" Gegner. Sie selbst haben die Brücken zur Tradition abgebrochen und sich aus der Geschichte und der damit verbundenen Gedächtnislast fortgestohlen. Wer keine Wurzeln hat, steht auf schwankendem Boden. Wer Gedenkstätten zerstört, darf sich nicht wundem, wenn junge Menschen keinen Sinn darin erkennen können, das eigene Land zu schützen und zu verteidigen.

Aus Haider: Befreite Zukunft jenseits von links und rechts S. 239

...dass wir gegenüber den jüdischen Bürgern weiterhin Wiedergutmachungsforderungen haben, diesen Widerspruch löst man nicht auf. Ich bin halt der Meinung, wenn Wiedergutmachung, dann diskutieren wir sie über alle, auch über die Sudetendeutschen, auch über die Altösterreicher, meine Freunde. Dann wollen wir die Diskussion führen.

Zeit im Bild 1, 9. September 1998

Naja, Vertreibung, Tod, menschenrechtswidriges Verhalten sollte ja wohl nicht von der ethnischen Zugehörigkeit abhängig sein. Jeder von uns weiß, was die Menschen jüdischer Abstammung durchgemacht haben. Jeder weiß aber auch, was die Heimatvertriebenen durchgemacht haben. Und da möchte ich nicht beurteilen, was schlimmer gewesen ist, sondern ganz schlicht und einfach sagen, wenn es um Wiedergutmachungen geht, und die sind zeitlich unbegrenzt, dann gilt das für alle.

Zeit im Bild 2, 9. September 1998

Na ja, es ist einfach ein Problem, wo ich sage, man muss jetzt mal klären, mißt man hier mit zweierlei Maß? Wenn jüdische Emigranten Forderungen stellen, dann ist sozusagen die Wiedergutmachung endlos. Wenn Sudetendeutsche dasselbe von der österreichischen Regierung verlangen, dass sie gegenüber den tschechischen Behörden ihre Wiedergutmachungsforderungen durchsetzen sollen, dann wird gesagt, irgendwann muss einmal ein Schlußstrich unter die Geschichte gezogen werden. (...) Man kann nicht Gleiches ungleich behandeln.
Ist das tatsächlich Gleiches Ihrer Meinung nach?
... da möchte ich nicht beurteilen, was schlimmer gewesen ist...
Noch einmal zu diesem Ausgangspunkt von Ihnen. Sie stellen gleich die Sudetendeutschen und das Unrecht, das an den Juden geschehen ist?
Selbstverständlich, weil ich mich dagegen wehre, dass man Menschenrechtsverletzungen auch noch einmal quantifiziert.

Zeit im Bild 2, 9. September 1998

Format: *Wie stehen Sie nach acht Jahren zu Ihrer Aussage von der „ordentlichen Beschäftigungspolitik"?*
Haider: Sowohl SPÖ als auch ÖVP haben damals meiner Position zugestimmt. Erst einen Tag später hat ein ganz kleiner Teil gegen mich kampagnisiert. ÖVP und SPÖ waren immer einer Meinung mit mir. Das ist nachzulesen.

Format, 6/99

Sie haben einmal gesagt, die abscheulichsten Figuren waren für Sie Churchill und Stalin. Warum haben Sie da eigentlich Hitler nicht erwähnt?
Hab ich auch einmal erwähnt in einem Interview, also ...
Würde er da dazu zählen?
Also, da fällt mir wirklich die Auswahl schwer, wenn ich die drei anschau', nicht? Was wollen S' denn? Der Hitler und der Stalin sind die gleichen Figuren gewesen, in jedem Fall. Mas-

senvernichtung durchgeführt. Der eine mit einer Methode, die mehr industrialisiert war, der andere mehr mit barbarischen, äh, Methoden, nicht?, in Russland.

Waren Sie schon einmal in Mauthausen oder Auschwitz?

Oft genug.

Finden Sie es gut, dass Schulklassen da verpflichtet werden hinzugehen?

Ich finde es dann gut, wenn es nicht ... sozusagen nicht der staatlich verordnete Zwang der politisch Korrekten ist, sondern wenn man es den Schülern freistellt zu entscheiden. Also, ich halte nichts davon, wenn die Pflicht für Schüler und Klassen besteht nur aus einer Klassensolidarität. Das muss schon die Entscheidungsfreiheit der Schüler a sein.

Was haben Sie für ein Gefühl gehabt, als Sie in Auschwitz waren? Was waren da Ihre Eindrücke?

Das ist eine der wunden Stellen in der ... in der ... wahrscheinlich in der deutschen Geschichte, damit belastet zu sein, dass es das fürchterlichste Verbrechen, das es im 20. Jahrhundert gegeben hat, sich auf diesem Boden ereignet hat.

Der deutschen Geschichte oder auch der österreichischen Geschichte?

Na, es war damals eine deutsche Geschichte, nicht?

Sie haben einmal gesagt, dass die Österreicher nicht dafür verantwortlich sind, was vor 1945, vor der Gründung dieses Österreich, passiert ist. Das war in einem „profil"-Interview.

Na, das hab ich nicht gesagt!

Wörtlich haben Sie gesagt: „Wir Österreicher sind nicht für den Geschichtsabschnitt verantwortlich, der vor der Wiedererstehung Österreichs war."

Da müssen Sie das ganze Interview nehmen! Ich hab das, in einer Aussendung...

Haiders Medienreferent: (Drängt zum Aufbruch.) Wir müssen aufhören!

... in einer Aussendung zur 50. Wiederkehr des Anschlusses 1938 gesagt, wo ich der erste österreichische Politiker war, der

hier öffentlich festgehalten hat, dass wir uns nicht nur als Opfer sehen sollten, sondern selbstverständlich auch die Täterseite zu beachten haben. Dann ist zwei Jahre später der Herr Vranitzky nachgehüpft und hat eine großartige Erklärung abgegeben, net, das ist ein Faktum, das können Sie sich ausheben, bitte bei den Recherchen gründlich zu sein.
Haiders Medienreferent: O.k., wir müssen jetzt, tut mir Leid, ...

Interview mit Florian Klenk und Nina Weissensteiner (Falter), 23. September 1999

It is not useful to go into details, but as a chairman of a democratic movement . . . we abhor all programs and all ideas of what [Adolf] Hitler stood for. It is not possible to point out any element as positive by the fact of the Holocaust. It was a unique criminal act towards an ethnic minority [...] This was my mistake to have been less sensitive in that way. I know I have hurt a lot of feelings of people who have passed or had family members pass through that experience. If I have hurt the feelings of these people, I regret, and I apologize for that.

Washington Post, 10. November 1999

News: *Sie könnten sich zum Beispiel für gewisse Sager entschuldigen.*
Haider: Ich werde mich nicht entschuldigen.

News, 10. November 1999

Also, ich bin sicherlich nicht derjenige, der ein Leben lang im Büßerhemd durch die Welt geht. Warum soll ich mich mit irgendwelchen Vergangenheitsproblemen belasten?

Der Spiegel 5/2000

Die Zeit: *Aber Jörg Haider hat eine belastete Vergangenheit. Wir erinnern an ihr Lob für die nationalsozialistische Beschäftigungspolitik und daran, dass Sie KZs Straflager und die Angehörigen* *der Waffen-SS anständige Menschen mit Charakter genannt haben. Mit solchen Äußerungen haben Sie Ihr eigenes Bild und das Bild Ihrer Partei geprägt.*

Haider: Das war ein Fehler, und ich habe mich öffentlich dafür entschuldigt.

Die Zeit: *Entgleisung, Entschuldigung – das scheint bei Ihnen System zu sein und nährt die Skepsis. Ihre Äußerungen zum Nationalsozialismus holen Sie immer wieder ein. Die Vergangenheit bleibt gerade für Sie ein zentrales Thema. Haben Sie sich dem ausreichend gestellt?*

Haider: Wir in der FPÖ haben das gründlicher gemacht als andere. Ich glaube, dass gerade wir als stark verjüngte Partei unserem Land eine neue Perspektive eröffnet können. Wir sehen den Nationalsozialismus nicht mehr aus der Sicht der unmittelbar Beteiligten, sondern aus der Distanz des Geschichtsbetrachters.

Die Zeit: *Kann man sich das so einfach machen?*

Haider: Wir haben keine Kollektivschuld, aber sicher eine Gedächtnislast. Auch ich habe erst lernen müssen, was die eigene Geschichte war. Wir alle haben darunter gelitten, dass wir als junge Menschen kaum etwas über die jüngere Geschichte erfahren haben, denn der Unterricht endete mit dem Ersten Weltkrieg.

Die Zeit: *Manche haben das Versäumte im Elternhaus nachgeholt.*

Haider: Wenn die Eltern selbst im Nationalsozialismus involviert waren, wurde über diese Zeit kaum diskutiert, schon wegen der eigenen Schuldgefühle.

Die Zeit: *Trifft das auch auf Sie zu? Ihr Vater war in der SA aktiv.*

Haider: Es hat schon Diskussionen gegeben, aber die waren nicht sehr substanziell.

Die Zeit: *Altersmäßig gehören Sie als 50-Jähriger gerade noch zur 68er-Generation, die die Auseinandersetzung mit den Eltern ganz bewusst gesucht hat. Warum wollten Sie es nicht genauer wissen?*

Haider: Ich habe eine sehr schöne Kindheit erlebt und habe eine sehr positive Beziehung zu meinen Eltern. Ich stand also immer in einem Spannungsverhältnis. Auf der einen Seite waren meine Eltern, denen ich nichts antun wollte, weil sie genügend erlebt und auch dafür gebüßt haben, was im Nationalsozialismus von ihnen zu verantworten war. Auf der anderen Seite waren die Eiferer der 68er-Generation, die im Brustton der Überzeugung gesagt haben: Wir hätten alles viel besser gemacht. Dem Beispiel wollte ich als Kind meiner Eltern nicht folgen. Ich halte es da mit der „Gnade der späten Geburt".
Die Zeit: *Auch als Erwachsener haben Sie sich erst sehr spät mit der Vergangenheit auseinander gesetzt – als es nach Ihren Äußerungen Proteste hagelte.*
Haider: Es ist ein österreichisches Phänomen, dass es eine wirkliche historische Debatte nie gegeben hat. Deshalb sind wir mit den Deutschen nicht vergleichbar, denn die sind in allem sehr gründlich, auch in der Auseinandersetzung mit sich selbst.
Die Zeit: *Wäre es nicht höchste Zeit, diese Debatte nachzuholen?*
Haider: Ich glaube, wir sollten uns stärker auf die Zukunft konzentrieren, um zu verhindern, dass sich diese Dinge wiederholen.
Die Zeit: *Wie lassen sich Lehren für die Zukunft ziehen, wenn man sich nicht gleichzeitig der Vergangenheit stellt?*
Haider: Irgendwann muß man auch mal aus der Vergangenheit ausbrechen können. Ich habe übrigens auch schon Gerhard Schröder sagen hören: Jetzt ist genug, wenden wir uns der Zukunft zu. Und Schröder ist immerhin ein Sozialist. Allerdings: die ständige Beschäftigung mit dem Gestern und das ewige Sich-im-Kreis-Drehen ist dem Deutschen durchaus eigen. Der Österreicher hat eine andere Mentalität [...] Es wäre gut, wenn das Land sich endlich mit der Zukunft beschäftigen würde.
Die Zeit: *Das fiele sicher leichter, wenn Österreich die Juden für seine aktive Teilnahme am Holocaust um Verzeihung bäte.*
Haider: Diese deklaratorischen Angelegenheiten, wo Parlamente irgend etwas beschließen, finden meist ohne wirkliche

Einbindung des Volkes statt. [...] Die ganze Entschuldigerei für die Vergangenheit führt letztlich dazu, dass in der Bevölkerung Emotionen aufkommen und gefragt wird, was soll das Ganze eigentlich noch nach so vielen Jahrzehnten.

Die Zeit Nr. 6/2000

Sind nun ehemalige Angehörige der Waffen-SS anständige Menschen?
Ich glaube, dass es keine pauschale Befreiung von Schuld und Mitschuld gibt und keine pauschale Verurteilung geben kann. Gott sei Dank leben wir in einem Rechtsstaat, wo die individuelle Schuld das entscheidende ist. Daher kann es nie die Waffen-SS als solche sein, sondern es können nur Einzelne sein, die verfehlt haben und verantwortlich sind. [...] Mein Interesse war es immer, der älteren Generation, die auch im Krieg Fürchterliches mitgemacht hat, eine pauschale Verunglimpfung zu ersparen. Und dazu stehe ich.

Die Welt, online-Ausgabe, 8. Februar 2000

Churchill hat einige schlimme Dinge getan, und einiges sehr Ehrenwertes. Er hat Richtiges und Falsches getan. Das ist das Schicksal jedes wichtigen Politikers.
Was war das Böse, das Churchill getan hat?
Zu den bösen Dingen, die er getan hat, zählt die Entscheidung Städte wie Dresden zu zerstören, wo keine deutschen Soldaten waren. Dort waren nur Zivilisten. Das ist das gleiche Argument, das wir Hitler entgegenhalten. Wir sagen: Warum hat Hitler Städte bombardiert, wo nur Zivilisten und Kinder wohnten?
Meinen Sie, es gab eben bei beiden Seiten Gutes und Böses?
Ja, ja, ja.

Sunday Telegraph, 13. Februar 2000

Facts: *Sie haben die Beschäftigungspolitik Hitlers gelobt und SS-Veteranen einen guten Charakter bescheinigt.*
Dafür hab ich mich entschuldigt. Messen Sie uns an unseren Taten.
Facts: *Warum machen Sie ständig Aussagen, die Sie einen Tag später bedauern müssen?*
Ich gehöre nur zu jenen Politikern, die dann, wenn was schief läuft, auch den Mut haben, das einzugestehen und etwas zurückzunehmen. Es gehört zu einer geordneten politischen Kultur, dass man sich nicht in seinen Standpunkt verbeißt und – nur weil man Recht haben will – sozusagen auch bei einer falschen Meinung bleibt.

Facts, Online Ausgabe, 29. Februar 2000

Über Europa

Die Vollmitgliedschaft bei der Europäischen Gemeinschaft ist für Österreich eine unabdingbare Notwendigkeit, um das Mitspracherecht für unser Land zu sichern und zu verhindern, dass Österreich zu einer europäischen Bettlerrepublik wird, die wegen jeder Kleinigkeit bei der EG anklopfen und verhandeln muss.

Freiheitlicher Pressedienst , 25. März 1987

Halbe Lösungen und ein Jein in der Frage des Beitrittes wird die EG nicht akzeptieren. Wir fordern daher den Bundeskanzler auf, den großkoalitionären Eiertanz in dieser Frage endlich zu beenden, denn mit schönen Worten allein wird die wirtschaftliche Zukunft unseres Landes nicht gesichert werden können.

Freiheitlicher Pressedienst , 6. November 1987

Das Motto dieser Regierung heißt: Zurück zum Ostblock, statt hin nach Europa.

Freiheitlicher Pressedienst , 17. März 1991

Die Menschen wollen weder unter einer wie immer gearteten Weltregierung leben noch sich mit Haut und Haar der EG-Problemgemeinschaft verschreiben. Das müßte die politische Klasse endlich einmal zur Kenntnis nehmen. Man kann doch nicht ein Europa der Bürger proklamieren, ohne die Bürger überhaupt zu fragen. Die Classe politique leidet heute unter einem pathologischen Realitätsverlust und nimmt begründete Sorgen und Ängste der Bürger einfach nicht zur Kenntnis. Eine Abstimmung über die Aufgabe der D-Mark oder des Schillings oder eine Abstimmung darüber, ob ein weiterer

Ausländerzuzug stattfinden soll, würde für die herrschende, Klasse zum Debakel werden.

Aus Haider: Die Freiheit, die ich meine, S. 260

Nach dein Scheitern des Versuches, über ein einheitliches Währungssystem eine Harmonisierung der Volkswirtschaften zu erreichen, kann die Alternative wohl nur darin bestehen, eine einheitliche europäische Währung erst an den Schluß des Integrationsprozesses zu setzen. Das verhindert auch, dass solide Währungen wie die DM oder der Schilling plötzlich dem Zugriff von sizilianischen oder portugiesischen Notenbankchefs ausgesetzt sind, die ihre eigene Währung selbst nicht in Ordnung zu halten in der Lage waren.

Aus Haider: Die Freiheit, die ich meine, S. 280

Geblieben sind Restfragmente des Irrwegs zum „Manchester-Liberalismus“, alles sei erlaubt, die Werte seien ständig zu überprüfen. Und wenn die Taten mit den Werten unvereinbar sind, müssen die Werte geändert werden! Das hat mit liberalen Idealen in der Theorie ebensowenig zu tun wie in der Praxis, wo dies zur Drogenfreigabe, Zerstörung der Familie und deren Gleichstellung mit einer Homosexuellenbeziehung und letztlich zur Leugnung von Identität und Heimat führt. Dabei waren gerade die Liberalen wert- und heimatbewusst, bedeutete ihnen die nationale Zusammengehörigkeit doch die Befreiung vom monarchistisch-dynastischen Prinzip.
Die Liberale Internationale spiegelt weitestgehend diesen ethischen Niedergang wider. Österreichs Freiheitliche, die, historisch wohl nicht ganz zufällig, gleichzeitig mit dem Einsetzen der Perestroika in der Sowjetunion Mitte der achtziger Jahre die Wende von einem Anpassungs- zu einem Befreiungskurs vollzogen, sammelten ihre Erfahrungen. Statt Unterstützung in ihrem klassisch liberalen Kampf gegen eine in Europa einzigartige Parteienverfilzung bis tief in die Privatsphäre der Bürger erlebten sie nur Anfeindung. Keine einzige Unterstellung,

keine Diffamierung war dabei originär: Es handelte sich wörtlich um die Übernahme der Polemik und Argumentation der innerösterreichischen Gegner der Freiheitlichen.

Aus Haider: Die Freiheit, die ich meine, S. 300

Vranitzky sei offensichtlich von seinen sozialistischen Parteifreunden im Zusammenhang mit der Konferenz in Kopenhagen dazu verhalten worden, nach seinem Plädoyer für „Ohne Wenn und Aber in die EG" nun dafür zu sorgen, dass die Verhandlungen zwischen Wien und Brüssel im Eilzugstempo durchgezogen würden, ohne Rücksicht auf die Interessen Österreichs, die dabei zwangsläufig auf der Strecke blieben.

Freiheitlicher Pressedienst , 24. Juni 1993

Das ist die Vereinbarung oder Erklärung, dass man sich von der Neutralität verabschieden will, und auch das will man dem Volk nicht zur Abstimmung vorlegen. Das ist eine Gemeinheit, was da geschieht. Schlicht und einfach eine undemokratische Gemeinheit, ein schleichender Putsch.

Zeit im Bild 1 , 18. März 1994

Mit einer scharfen Attacke gegen den Entwurf des Bundesverfassungsgesetzes für den EU-Beitritt Österreichs hat FPÖ-Chef Jörg Haider eine verfassungsrechtliche Diskussion ausgelöst. Haider wirft der Regierung „schleichenden Verfassungsbruch" vor.

Der Standard , 19./20. März 1994

Haider: Keine FP-Zustimmung zu EU-Beitrittsgesetz.
Schlechtes Verhandlungsergebnis, unerledigte Hausaufgaben und fahrlässiger EU-Fahrplan der Regierung machen Zustimmung unmöglich; keine Empfehlung zur EU-Volksabstimmung.

Freiheitlicher Pressedienst , 8. April 1994

Im Zweifelsfall habe sich die FPÖ immer für Österreich entschieden, sagte Haider unter Verweis auf die Atom-, die Neutralitäts-, Ausländer- und nun EU-Frage. Auch jetzt werde sich die FPÖ trotz massiver Gegenpropaganda nicht unterkriegen lassen und ihre eigene Linie, im Wissen, das Beste für Österreich zu tun, gehen.

Freiheitlicher Pressedienst , 8. April 1994

Heftige Kritik übte Haider an der laufenden EU-Propaganda. Mittels ORF und durch eine durch erhöhte Presseförderung offensichtlich gekaufte Printmedienlandschaft werde eine wahre Gehirnwäsche durchgeführt. Viele hätten nun vielleicht geglaubt, dass auch die FPÖ dieser Gehirnwäsche erlegen sei.

Freiheitlicher Pressedienst, 8. April 1994

Bei all den entscheidenden Fragen der letzten Jahre sei die FPÖ immer der moralische Sieger gewesen, da sie im Zweifelsfall immer für die Interessen der Österreicher eingetreten sei. Die FPÖ sage ja zu einem Europa freier Völker, selbstbewusster Bürger und gesicherten Friedens, jedoch Nein zu einem Europa der Arbeitslosigkeit, der Meinungsdiktatur und der Demokratiefeindlichkeit.

Freiheitlicher Pressedienst , 8. April 1994

Na, wenn wir das Geld, das wir als Mitgliedsbeiträge, jedes Jahr 10, 15 Milliarden Schilling, in die EU hineinzahlen müssen, wenn wir das für eine jährliche Steuersenkung verwenden, dann sind unsere Betriebe in Österreich wesentlich wettbewerbsfähiger gegenüber der EU, als wenn wir dort beitreten und mit großen Mitgliedsbeiträgen die Nichtstuer im Süden finanzieren müssen.

Zeit im Bild 2 , 8. April 1994

Ja, entschuldigen, der EG-Rechnungshof rechnet damit, dass 25 bis 30 Prozent dieser Subventionen in die falschen Kanäle gehen. Und jetzt muss ich also sagen, bevor mein Geld und das Geld der fleißigen Österreicher dafür verwendet wird, dass die italienischen Mafiosi oder irgendwelche korrupten Bürgermeister in Griechenland ihre Budgetnöte ausgleichen können, stehe ich nicht zur Verfügung. Denn das ist Verantwortung für das eigene Land. Wenn Sie sich mehr den Kopf der Griechen zerbrechen, ist das Ihr Kaffee. Ich zerbreche mir den der Österreicher.

ORF Pressestunde, 17. April 1994

Österreich müsse letztlich vor einem Fehltritt bewahrt werden, weshalb die FPÖ nun auch eine Kampagne gegen den EU-Beitritt starten werde, schloß Haider.

Freiheitlicher Pressedienst, 26. April 1994

Haider unterstrich, dass das vorliegende Beitrittsverfassungsgesetz nichts anderes als ein „Verfassungsputsch, garniert mit Verfassungsbrüchen" sei. Bei einer Gesamtänderung der österreichischen Verfassung müssen der österreichischen Bevölkerung sämtliche Änderungen vorgelegt werden, die abzustimmen seien. Stattdessen werde der österreichischen Bevölkerung nur eine Ermächtigung zur Verfassungsänderung vorgelegt, was letztlich nichts anderes bedeute als die Ausschaltung des Volkes, welches die Änderungen letztlich zu bestimmen habe.

Freiheitlicher Pressedienst, 3. Mai 1994

In diesem Zusammenhang machte der FPÖ-Obmann darauf aufmerksam, dass schon in der Vergangenheit Ermächtigungsgesetze immer wieder negative Auswirkungen auf die Verfassung und auf die Demokratie Österreichs hatten. So müsse man auf die Auswirkungen des Ermächtigungsgesetzes von 1917 und jener von 1933 und 1934 aufmerksam machen.

Freiheitlicher Pressedienst, 3. Mai 1994

Die Bevölkerung werde am 12. Juni nämlich nicht über den EU-Beitritt oder über eine Gesamtänderung der Verfassung abstimmen, sondern nur über eine Ermächtigung für die Bundesregierung, die Verfassung in ihren Grundfesten zu ändern, erklärte Haider. „Die Regierung will das Volk dumm sterben lassen", sagte Haider.

Freiheitlicher Pressedienst, 4. Mai 1994

Ein weiteres Problem ergebe sich am Arbeitsmarkt selbst, nämlich jenes der „entsandten Arbeitskräfte". Nach den einschlägigen Bestimmungen der EU gebe es nämlich die Möglichkeit, dass Firmen, die ihren Firmensitz innerhalb der EU haben, Arbeitskräfte in andere EU-Länder entsenden können, ohne dass sie entsprechende Beschäftigungsbewilligungen bräuchten.

Freiheitlicher Pressedienst, 17. Mai 1994

Kein Protest regte sich, als Haider dann als zweiter Redner nach Brunner dazu aufrief, sich zu den guten und den schlechten Tagen Österreichs und Deutschlands zu bekennen und sich gegen jene zu wehren, die „so tun, als wären unsere Väter nur lauter Verbrecher gewesen". Viel war die Rede vom „Mund aufmachen" gegen die Bürokraten in Brüssel, die den Großteil der Agrarausgaben verschlängen, von der Angst vor einem wurzellosen „neuen" EU-Volk und von den Politikern der etablierten Parteien, die mit ihren Fremdwörtern den Normalbürger nicht mehr erreichten

Nordwest-Zeitung, 21. Mai 1994

In Stuttgart wandte sich FPÖ-Obmann Haider am Freitag gegen die „Machtzusammenballung in Brüssel". Die Bürger müßten selbst entscheiden können, „ob die DM abgeschafft und irgendein Esperanto-Geld eingeführt wird". Die Umverteilung in Europa dürfe nicht dazu führen, dass „die Faulheit der Südländer auf Kosten des Fleißes unserer Bürger subventioniert wird".

Salzburger Nachrichten, 21. Mai 1994

Maastricht ist die Fortsetzung von Versailles ohne Krieg.

Frankfurter Rundschau, 22. Mai 1994

Es werde eine wahre Gehirnwäsche mit der Pro-EU-Propaganda der Regierung betrieben.

Freiheitlicher Pressedienst, 25. Mai 1994

Nun, nur wegen einer EU-Kritik gehe das angeschlagene sozialistische Machtsystem unter seinem autoritären Führer Vranitzky mit ganzer Wucht auf einen kleinen Beamten los, der im Glauben, ein freier Bürger dieses Landes zu sein, seine Meinung gegen die EU geäußert habe. Die FPÖ werde derartige Zustände der Vranitzky-Regierung jedenfalls nicht einreißen lassen und jeden Fall von Meinungsterror im laufenden verzweifelten EU-Kampf der Regierung aufzeigen, sagte Haider.

Freiheitlicher Pressedienst, 27. Mai 1994

Vranitzky sei dies offenbar alles egal, da er im Sold und in der Geiselhaft der Industrielobby in Brüssel stehe und seine Aufträge von den Freimaurern und Bilderbergern bekomme. „Wir Freiheitlichen halten uns alleine an die Aufträge der österreichischen Bevölkerung", stellte Haider fest.

Freiheitlicher Pressedienst, 30. Mai 1994

Die Regierung gerate zunehmend in Panik und versuche mit Greuel-Propaganda, die Österreicher einzuschüchtern. „Die Vranitzky-Regierung hat Angst vor dem Volk", stellte Haider fest. Sie erkenne nun immer mehr, dass die Österreicher selbst einen Kopf zum Denken hätten und daher die Panikmache von Vranitzky, Busek und Co. nicht bräuchten. Die Regierung habe sich in eine EU-Hysterie hineingesteigert, die sich letztlich in einer brutalen Erpressungspolitik gegenüber der Bevölkerung Österreichs äußere.

Freiheitlicher Pressedienst, 1. Juni 1994

Das hat mit seiner Mitgliedschaft bei den Freimaurern zu tun, er erfüllt außerösterreichische Aufträge.

Über das EU-Engagement Vranitzkys, Kurier, 4. Juni 1994

Wollen wir nicht Opfer eines Verantwortungszuweisungsspiels zwischen Wien und Brüssel werden, wollen wir weiterhin im eigenen Land etwas zu sagen haben, dann werden wir eine Absicherung unserer Demokratie benötigen. So wie das in selbstbewussten EU-Staaten der Fall ist: durch eine Mitsprache des Parlaments, ehe Gesetze in Brüssel beschlossen werden; durch eine wirkliche Kompetenzsicherung für die Länder und Gemeinden, durch eine Aufwertung des Bundesrats als Länderkammer, durch stärkere Kontrollrechte im Parlament, und durch die Erleichterung direktdemokratischer Initiativen, die, wie in der Schweiz, zu verbindlichen Volksentscheiden führen müssen.

Wenn wir in all diesen Grundrechtsbereichen nicht hellhörig werden, könnte es geschehen, da wir auf kaltem Wege, aber sicher, Schritt für Schritt unsere mühsam errungenen Bürgerrechte wieder abgeben. Statt Herrscherhaus und Adelsvorrecht gäbe es dann bloß eine andere Art von Klassengesellschaft. Eine Gesellschaft mit einer neuen Klasse der Nehmer, aus Bürokraten und Lobbyisten auf der einen, und der Klasse der Geber, der zahlenden Bürger, auf der anderen Seite.

Freiheitlicher Pressedienst, 5. September 1994

Es geht doch darum, dass wir in Österreich Verantwortung tragen und nicht für die EU und nicht für Maastricht und nicht für irgendwelche internationale Ideen, sondern eben für diese unsere Heimat.

Junge Freiheit, 20. Oktober 1995

Ob EU-Kommission, Weltbank, IMF oder auch staatliche Subventions- und Regulierungsbehörden, es sind Mammutgebilde ohne Zukunft.

Aus Haider: Befreite Zukunft jenseits von links und rechts, S. 16

Ich denke aber daran, dass die herrschende Klasse in Europa, – wenn sie mit den Problemen der Arbeitslosigkeit nicht zu Rande kommen sollte, Demokratie und Rechtsstaat als lästig empfinden könnte. Plötzlich rechtfertigt ökonomisches Kalkül den radikalen Durchgriff. Das sind keine Phantasien, wenn man sich die schwächliche Struktur und Verfassung des heutigen Europas der EU anschaut. Jede Zentralmacht hat einen latenten Hang zum Autoritären.

Aus Haider: Befreite Zukunft jenseits von links und rechts, S. 44

Wer hätte auch gedacht, dass moderne Kommunikation und Internet eine derartige Revolutionierung unseres Lebens auslösen werden? Jetzt trägt sie dazu bei, maximale Mobilität weltweit zu garantieren, Entwicklungsländern neue Chancen zu geben und Old-Europe als industriellen Abstiegskandidaten zu qualifizieren, dem Innovation und geistige Beweglichkeit abhanden gekommen sind. Immerhin ist Indien und nicht irgendein europäischer Staat der größte Software-Produzent der Welt! Dafür verzetteln sich die Europäer mit dem Kampf um die Euro-Kunstwährung und die Rettung des Wohlfahrtsstaates.

Aus Haider: Befreite Zukunft jenseits von links und rechts, S. 234

Die herrschende Klasse hat in den vergangenen Jahren dem Ausverkauf von Souveränität und Volksrechten Tür und Tor geöffnet. In der Wahl der Mittel zur Täuschung über die wahren Absichten war man nicht zimperlich. Das Experiment mit unserer Währung und dem Euro ist Beweis genug. Demokratie als herrschaftsfreie Gleichheit verträgt sich nun einmal nicht mit der Verweigerung elementarer Mitbestimmungsrechte für das Volk. Die eigene Währung ist ein Stück nationaler Souveränität, ist geprägte Freiheit.

Aus Haider: Befreite Zukunft jenseits von links und rechts, S. 240

Ich hätte ja viel schärfer formuliert. Es droht uns durch die Möglichkeit, nach sechs Jahren einzubürgern und durch die Osterweiterung eine weitere Überfremdung. Ich unterstelle der Bundesregierung, dass sie sich ein neues Wählervolk schaffen will, weil sie sich des alten nicht mehr sicher sein kann.

Die Presse, 10. Juli 1998

Der nächste Schritt, mit dem Sie ins Dilemma kommen werden, ist die Osterweiterung. Wenn Sie die Osterweiterung durchziehen, werden Sie wiederum mehr Billigarbeitskräfte illegal auf dem österreichischen Arbeitsmarkt haben, und die österreichischen Arbeitnehmer werden noch stärker in eine problematische Situation kommen. Auch dazu hätte ich gerne etwas von Ihnen gehört, Kollege Kaufmann! Sie wissen es nämlich, und das ist auch für Sie ein Problem. Aber Sie sollten es auch hier als Abgeordneter einer Regierungspartei offen aussprechen, dass der Weg, die Osterweiterung voranzutreiben, nur dazu führen wird, dass wir noch mehr Schwarzarbeit, noch mehr illegale Ausländer auf den Baustellen und noch mehr Lohndumping haben. Wir werden noch mehr Arbeitslose finanzieren müssen. Das ist der Erfolg einer Politik, die sagt: Wir müssen die Schwarzarbeit eindämmen.

Nationalrat, XX. GP – 4. November 1998 –, 145. Sitzung

Die Osterweiterung ist heute in ihrer Dimension überhaupt nicht absehbar. Ich kann dem Herrn Vizekanzler nicht zustimmen, wenn er bei jeder Gelegenheit sagt, es werde an Vorleistungen rund 1.000 Milliarden Schilling kosten, was wir zu bezahlen haben, damit wir diese Nachbarländer reif für die EU machen. – Herr Vizekanzler! Die Vorstellung von einer Freihandelszone, von einem Zugang zum freien Markt der EU ist eine andere. Wenn jemand an einem größeren Markt teilhaben kann, dann ist das Vorteil genug, dann muss man ihm das nicht auch noch finanzieren. Das ist ein grobes Missverständnis. Und genau dieses Geld geht uns ab, um in Österreich die Strukturen in Ordnung zu bringen, in Österreich die Steuern zu senken, in Österreich das Wirtschaftswachstum zu beschleunigen und in Österreich neue Arbeitsplätze zu schaffen.

Nationalrat, XX. GP – 16. Dezember 1998 – 154. Sitzung

Format: *Nach wie vor wird befürchtet, Ihre Wahl könnte Kärnten und Österreich international wieder in die negativen Schlagzeilen bringen.*

Haider: Das stimmt einfach nicht. Es wurde ja schon 1989 prophezeit, dass keine Holländer nach Kärnten kommen werden. In Wirklichkeit sind so viele Holländer wie noch nie dagewesen. Die sind ins Bärental gefahren, um zu schauen, wo der Haider wohnt. Ich war eine richtige touristische Attraktion.

Format, 28. Februar 1999

News: *Die ÖVP ist eindeutig pro EU positioniert. Wolfgang Schüssel nennt als Koalitionsbedingung, dass die FPÖ die EU-Schlucht überwinden müsse.*

Haider: Schüssel muß aufpassen, dass er nicht in der EU-Schlucht verschwindet. Denn die Begeisterung innerhalb der Bevölkerung ist alles andere als groß. Wir werden jetzt sicher keiner EU-Osterweiterung zustimmen. Das können die sich abschminken.

News, 22.September 1999

Ich bin für die Abschaffung der EU-Kommission.

Freiheitlicher Pressedienst, 16. März 1999

Die Menschen haben uns gewählt, damit wir eine patriotische Politik für Österreich und für die Österreicher machen und uns weniger um das Echo aus dem Ausland kümmern.

Junge Freiheit, 29. Oktober 1999

Ich betrachte es als einen Erfolg, dass viele inländische und ausländische Medien in ihren Kommentaren festhalten, dass aus Angst vor den Freiheitlichen und vor Jörg Haider etwa die Verhandlungen über die Osterweiterung in den letzten Wochen gestoppt wurden.

Junge Freiheit, 29. Oktober 1999

News: *Sie haben also nicht den Eindruck, dass Klestil gegen eine FP-Regierungsbeteiligung ist?*
Haider: Ich würde sagen, er wünscht sich als reiferer Herr keine stressigen Auslandsbesuche, wo er was erklären muß. Er liebt es, zu erscheinen, zu repräsentieren, allseits geliebt und geachtet und nicht verpflichtet zu sein, sein Land verteidigen zu müssen.
News: *Sie meinen, Klestil fürchtet sich im Ausland?*
Haider: Ja, das ist logisch. Die österreichischen Entscheidungsträger – inklusive des Bundespräsidenten – müssen sich einmal überlegen, ob sie für die heimische Demokratie stehen oder den internationalen Einflüsterern ihr Ohr leihen. Wenn ein Präsident flattrige Nerven bekommt, weil im Ausland Kritik geübt wird, dann muss man sich auch jene anschauen, die diese üben. Das sind doch bloß Linke. Die Roten tun alle ihre Freunde mobilisieren.
News: *Chirac ist kein Roter.*
Haider: Na, der ist mehr als ein Roter. Der hat ja seine eigene konservative Bewegung kaputtgemacht. Der hat ja nix mehr hinter sich, der ist nur mehr Präsident.

News, 21.Dezember 1999

Format: *Europa scheint in Aufregung, weil die FPÖ in eine Regierung kommen könnte. Haben Sie diese Reaktion erwartet?*
Haider: Das ist wirklich nicht besonders aufregend. Es ist immer die gleiche Clique, die hier nervös ist. Ein paar Linke, ein paar Christdemokraten. Allesamt nicht ernst zu nehmen. Sobald die neue Regierung die Arbeit aufnimmt, werden die Proteste aufhören.
Format: *Bundespräsident Klestil hat über besorgte Telefonate mit Frankreichs Präsident Chirac und Spaniens Premier Aznar berichtet. Wie beurteilen Sie das?*
Haider: Das ist alles nicht wirklich von Bedeutung. Wenn ein paar aus alten rot-schwarzen Seilschaften noch einmal alles mobilisieren, um eine neue Regierung zu verhindern, so läßt mich das kalt. Ein Machtwechsel ist eben schmerzhaft. Viktor Klima wollte uns ja sogar erpressen und eine FPÖ-Duldung einer SPÖ-Minderheitsregierung erzwingen, indem er mit negativem Auslandsecho drohte. Das war ziemlich unverblümt, eine echte Drohung. Da sieht man ja auch, vor welchem Hintergrund solche Proteste ablaufen.

Format, Jänner 2000

Chirac hat in den vergangenen Jahren so ziemlich alles falsch gemacht, was man falsch machen kann. [...] Wir verlangen ja auch nicht die Ablösung einer korrupten belgischen Regierung, die Kinderschänder pardoniert und gegen die Eltern auf Straße gehen, weil sie Angst haben müssen, dass diese Regierung mit Verbrechern konspiriert.

Anläßlich einer Feier zum 50. Geburtstag, am 29. Jänner 2000[7]

Unmittelbar vor dem Treffen mit dem Bundespräsidenten betonte Haider, er wolle „keinen Konflikt mit Belgien und

[7] Frankfurter Rundschau, online-Ausgabe, 31. 1. 2000

Frankreich". Haider wörtlich: „Meinetwegen ziehe ich die Äußerungen mit Bedauern zurück." Im Nachsatz sagte Haider, diese seien in einer „gerechtfertigten Emotion" gefallen.

Der Standard, 1. Februar 2000

Nach Bekanntwerden der EU-Drohungen zeigte sich Haider „entsetzt" über den Versuch der Einmischung. Jetzt müsse eine Regierung mit FP-Beteiligung auf alle Fälle gebildet werden, denn die Anordnung von außen, was in Österreich statt zu finden habe, dürfe es einfach nicht geben. Er warf der EU „parteipolitische Hitzköpfigkeit" vor. Und: „Das ist kein Dienst an Europa".

Die Presse, Online Ausgabe, 1. Februar 2000

„Ich nehme mir das Recht heraus, jeder Beschimpfung Österreichs entgegenzutreten. Die Antwort hätte noch viel stärker ausfallen müssen", konterte FP-Chef Jörg Haider am Montag vormittag in Klagenfurt auf die Rüge von Bundespräsident Thomas Klestil. Der FP-Obmann erneuerte auch seine Aussagen in Richtung belgische Regierung, die keine Berechtigung habe, Österreich zu kritisieren, wo das Land doch selbst in viel tiefere Skandale verwickelt sei. „Wenn man einmal vor dem Ausland in die Knie geht, muß man damit rechnen, auch in Zukunft Einmischungen von außen ausgesetzt zu sein".

Die Presse, Online Ausgabe, 1. Februar 2000

Facts: *Und wenn sich die 14 anderen Mitglieder nicht daran halten?*
Haider: Dann gibt es eine Klage beim europäischen Gerichtshof. Es gibt ein Rechtsverfahren, man kann das einklagen. Es gäbe dann eine Verurteilung von 14 gegen 1, denn ich kann mir nicht vorstellen, dass diese evidente Nichteinhaltung des Vertrags nicht gerügt würde. Deshalb gehe ich davon aus, dass nach der ersten Welle der Aufregung eine Normalisierung ein-

setzen wird. Die EU macht sich ja selber nichts Gutes damit. Sie wird für viele, die immer schon der Meinung waren, dass sie wenig demokratisch ist, noch verdächtiger, und für viele, die mit Begeisterung auch in Österreich für die EU gestimmt haben, ist sie plötzlich ein Feindbild geworden. [...]
Facts: *Sie ändern Ihre Meinung allerdings extrem oft.*
Haider: Nein. Wo denn?
Facts: *Beim Euro zum Beispiel.*
Haider: Da habe ich meine Meinung nicht geändert. Ich bin überzeugt, dass er eine Fehlgeburt war, und zwar insoweit, als man den Euro am Ende der wirtschaftlichen Integration hätte bringen sollen.

Facts, Online Ausgabe, 29. Februar 2000

Format: *Würden Sie dennoch den Begriff Fehlgeburt zurückziehen?*
Haider: Lassen wir doch die Kirche im Dorf. Ich wüßte nicht, dass irgendwer gesagt hat, dass das Projekt Euro in Frage gestellt wird [...]
Format: *Kommissar Franz Fischler hat Österreich also bewusst geschadet?*
Haider: Ich kenne keinen Österreicher, der das Gefühl hat, dass Fischler in dieser Situation seiner Heimat auch nur einen Funken nützt. [...]
Format: *Wie soll Österreich auf die Aktionen der EU reagieren ?*
Haider: ...jetzt ist vor allem die EU gefragt. Die müssen sich eine Lösung einfallen lassen, wie sie aus der selbst gebauten Sackgasse wieder herauskommen. Nicht Österreich hat Verträge verletzt, sondern die EU hat unter Mißachtung aller Prinzipien und ohne jeglichen moralischen Anstand gehandelt.

Format, 9/00

„Westentaschen-Napoleon."

Über Jacques Chirac, Ried im Innkreis, 8. März 2000

Über Fremde, Heimat und Minderheiten

Wir werden aber als Landesgruppe sorgfältig darauf achten, dass es zu keinen weiteren Vorleistungen an die Slowenen kommt, solange diese die demokratischen Volksgruppengesetze nicht anerkennen. Wir wollen vielmehr endlich ein Ende der Benachteiligung der Deutsch-Kärntner Schuljugend im zweisprachigen Unterricht erreichen.

Die Aula, 10/1983

Und wie steht die FPÖ zum Volksbegehren des KHD?
Wir unterstützen es offiziell, während die ÖVP wieder einmal „Jein" gesagt hat und SP-Chef Wagner seinen Anhängern signalisiert hat, dass er das Volksbegehren nicht unterstützt. Für uns ist dies eine historische Entscheidung. Das werden wir auch den Kärntnerinnen und Kärntnern sagen. Denn es kann nicht zugelassen werden, dass im Grenzland ein slowenisches Bildungsmonopol entsteht und das Ergebnis der Volksabstimmung von 1920 damit in sein Gegenteil verkehrt wird.

Die Aula 9/1984

Im Sinne des ethnischen Proporzes ist es legitim, auch den Deutsch-Kärntner Lehrern ohne slowenische Lehrbefähigung in Zukunft wieder Chancen zum Unterricht an zweisprachigen Schulen einzuräumen.

Die Furche, 25. Juli 1986

Mit Genugtuung stelle er fest, dass die österreichische Bevölkerung sich durch die Kampagne der Slowenenorganisationen, unterstützt von linksextremen und kommunistischen Gruppierungen, nicht beeinflussen lasse.

Freiheitlicher Pressedienst, 2. Februar 1987

Die erschütternde Primitivität der Aussagen und Angriffe der Sprecher dieser Slowenendemonstration habe einmal mehr bewiesen, dass die Vertreter der Kärntner Minderheit an keinen konstruktiven Gesprächen interessiert seien. Sie müssen nun auch die Verantwortung dafür übernehmen, wenn in Zukunft Entscheidungen ohne ihre Mitsprache getroffen werden.

Freiheitlicher Pressedienst, 2. Februar 1987

Man sollte aber auch den Mut haben, gerade ein Problem, das sich in Wien ständig stärker stellt, einmal zu sagen, ob's denn notwendig ist, dass wir bei 140.000 Arbeitslosen derzeit über 180.000 Gastarbeiter in Österreich haben müssen.

ORF, Österreich heute, 18. September 1987

Gerade im Hinblick auf den derzeitigen Staatsbesuch von Bundeskanzler Vranitzky in Jugoslawien weise er ausdrücklich darauf hin, dass die von linksradikalen Kreisen betriebene Dramatisierung der Lage in Kärnten von jugoslawischer Seite mit Distanz bewertet werde. Der ORF habe in seiner Berichterstattung auch darauf Bedacht zu nehmen, die zwischenstaatlichen Beziehungen nicht durch tendenziöse Stimmungsmache und unbegründete Werturteile zu belasten und nicht durch einseitige und halbwahre Information der Allgemeinheit zum Sprachrohr politischer Extremisten zu werden, schloß Haider.

Freiheitlicher Pressedienst, 18. Februar 1987

...die Slowenenvertreter seien „ehemalige Bombenschmeißer und Akteure von Gewaltaktionen".

Salzburger Nachrichten, 16. Juli 1987

Abschließend verglich Haider die Volksgruppen- und Minderheitenpolitik Jugoslawiens mit der Österreichs und kam zu dem Schluß, dass in unserem südlichen Nachbarland sehr wohl Apartheid gegenüber Volksgruppen herrsche und teilweise Ghettoschulen eingerichtet würden. „Für die positiven Leistungen in der Volksgruppenpolitik haben wir uns nicht zu schämen", schloß Haider.

Freiheitlicher Pressedienst, 27. November 1987

Minderheitenschulregelung in Kärnten vorbildlich. Radikale Slowenenfunktionäre bieten keine Alternativen.

Freiheitlicher Pressedienst, 1. Dezember 1987

Vorwürfe wie „Apartheid" und „Ghettoschulen" wies Haider schärfstens zurück. Solche Ghettoschulen gebe es in Jugoslawien für die ungarischen und italienischen Minderheiten, während es in Kärnten eine gemeinsame Schule mit der Variationsmöglichkeit zur Führung von Parallelklassen und Parallelabteilungen gebe.

Freiheitlicher Pressedienst, 1. Dezember 1987

„Die radikalen Slowenenfunktionäre bieten keine Alternative zur Reform, sondern stellen dem Pädagogenmodell ihr 'Demagogenmodell' gegenüber", sagte Haider. Es sei mit auch eine Aufgabe der Kärntner Parteien, die slowenische Minderheit vor ihren eigenen Funktionären, die aus sehr durchsichtigen politischen Motiven jede Konsensbereitschaft vermissen lassen, zu schützen.

Freiheitlicher Pressedienst, 1. Dezember 1987

Die jüngsten Schmieraktionen beweisen, dass innerhalb der Slowenenorganisationen ein radikaler Bruderkrieg ausgebrochen ist.

Freiheitlicher Pressedienst, 7. Jänner 1988

„Wer sich mit Hunden ins Bett legt, darf sich nicht wundern, wenn er mit Flöhen aufwacht." Solange jedenfalls keine Trennung von diesen radikalen Elementen erfolge, die auch die Kärntner Fahne verbrannt haben und die Hymne verunglimpften, werde es keine ernsthaften Gesprächsmöglichkeiten um ein Einvernehmen mit den Slowenenorganisationen geben können, sagte Haider. Derzeit versuchen die radikalen Elemente innerhalb dieser Organisationen, bei allen nur möglichen internationalen Organisationen Kärnten mit bewussten Fehlinformationen in den Schmutz zu ziehen, was nicht als Signal der Verständigungsbereitschaft gewertet werden kann.

Freiheitlicher Pressedienst, 7. Jänner 1988

Bedauerlich schlecht bewandert in der Politikgeschichte zeigte sich Dr. Marjan Sturm in seiner heutigen Presseaussendung. Das von Sturm so heftig kritisierte Zitat „Wer sich mit Hunden ins Bett legt, darf sich nicht wundern, wenn er mit Flöhen aufwacht", das FPÖ-Obmann Dr. Haider in einer Aussendung gebrauchte, stammt nämlich von dem großen amerikanischen Präsidenten Thomas Jefferson. Diesen Ausspruch Jeffersons, der bekanntlich im 18. Jahrhundert lebte und Mitautor der Verfassung der USA war, in Zusammenhang mit der „Ungeziefer-Diktion der Nationalsozialisten" zu bringen, zeigt von bemerkenswerter Ahnungslosigkeit und einem äußerst kuriosen Geschichtsverständnis. Dr. Sturm würde den Slowenen in Kärnten sicher besser dienen, wenn er seine öffentlichen Aussagen auf sachliche Argumentationen und fundierte Kenntnisse stützen würde, anstatt sich selbst und damit auch den Zentralverband slowenischer Organisationen durch solche Haßtiraden der Glaubwürdigkeit zu berauben und der Lächerlichkeit preiszugeben.

Freiheitlicher Pressedienst, 7. Jänner 1988

Ich werde auch in Zukunft verlangen, dass in diesem Land bei einer wachsenden Anzahl von Arbeitslosen, die an die 180.000 im Jahresschnitt ausmachen, es unverständlich ist, dass die Arbeitsmarktverwaltung noch immer Ausländerkontingente bewilligt und wir 140.000 Ausländer als Gastarbeiter in Österreich beschäftigt haben.

Zeit im Bild 1, 10. Jänner 1988

Und ich sage es ganz offen, jenen, die die Volksgruppe nur als Vehikel für ihre radikalen Ideologien und ihren extremistischen Wanderzirkus mißbrauchen wollen oder die unter dem Deckmantel der Universität und Wissenschaft oder sonstiger Institutionen Zwietracht zwischen Mehrheit und Minderheit bringen wollen, werden wir das Handwerk legen.

Zeit im Bild 2, 30. Mai 1989

Letztlich sehe man das auch an der Kriminalität, wie zum Beispiel in Wien-Leopoldstadt, das einen hohen Ausländeranteil aufweise und wo die Diebstähle um 30 Prozent zugenommen hätten. Jede zweite Straftat werde dort von einem Ausländer begangen.

Die Presse, 2. April 1990

Es sind nicht immer die Besten, die als erste von zu Hause fortgehen. Und das hat auch für Österreich gegolten, denn hier haben wir aus einer falsch verstandenen Humanität zu einem Import von Kriminalität nach Österreich beigetragen, indem wir die Grenzen aufgemacht haben, anstatt uns anzuschauen, wer wirklich in dieses Land herein und einreisen darf.

Zeit im Bild 1. September 1990

Und daher haben wir ja aus einer falsch verstandenen Humanität einen Import von Kriminalität nach Österreich bewirkt anstatt eine vernünftige Asylantenpolitik.

ORF Morgenjournal, 21. September 1990

In Wien sei es außerdem „schon so weit, dass jugoslawische Mütter ihre Kinder aus der Schule nehmen, weil zu viele Türken in der Klasse sitzen“. Lösung aller Probleme: „Die rote

Dunstglocke über Wien muss sich am 10. November lichten, damit wieder blauer Himmel scheinen kann."

Der Standard, 12. Oktober 1991

Wenn ich da an die Polen denke, die glauben, dass sie ohne entsprechende Arbeitsleistung den Wohlstand des Westens erringen werden. Wenn ich mir den Lech Walesa anschau, der ja, seit er Präsident ist, mehr breit als hoch geworden ist, dann ist das symbolisch für diese Denkungsart, die dort herrscht, dass man glaubt nur mit Erbschaft im Westen die Tragik im Osten kosmetisch überbrücken zu können und zu Wohlstand zu kommen. Wer nicht gelernt hat zu arbeiten, der wird auch in der Zukunft kein Wohlstandsgebiet aufbauen können, und das muss also auch an die Osteuropäer gesagt werden.

Rede bei Maifeier der FPÖ, ZiB 1 vom 1. Mai 1991

Polen ging's nur gut, als deutsche Bauern in die Ostkolonisation geschickt wurden.

auf einer CSU-Veranstaltung in München, Frankfurter Rundschau, 2. Mai 1991

Die Regierung agiere ausländerfreundlich, aber inländerfeindlich, behauptet er. Während sie für Ausländer Arbeitsplätze und Wohnungen schaffe, kümmere sie sich nicht um die Österreicher.

APA, 1. September 1991

Wo gibt's denn das sonst noch in Österreich, dass in Volksschulklassen bis zu 80, 90 Prozent fremdsprachige, ausländische Kinder sind, die nicht Deutsch können? Unsere Kinder lernen dann nichts mehr in der Schule, weil der Lehrer einfach hoffnungslos überfordert ist.

Rede bei Wahlveranstaltung im EKAZENT Simmering, 28. Oktober 1991

Nicht zuletzt unter dem Gesichtspunkt, dass es uns gut ansteht, auch als freiheitlich denkende Menschen, klar zu formulieren, dass es so etwas wie ein Recht auf Heimat in einem zukünftigen Europa geben muss. Sonst werden wir schön langsam zum Durchhaus und legitimieren, wenn wir dieses Recht auf Heimat nicht akzeptieren, die ethnischen Säuberungen im zerfallenden Jugoslawien als einen durchaus legalen Vorgang.

Aula, 12/1992

Die neuen Ausländergesetze, die unter dem Druck, der Probleme und dem Druck der freiheitlichen Opposition schnell zusammengezimmert wurden, sind zwar ein Fortschritt, aber beschämend fehlerhaft. Kein Freiheitlicher hat je Schikanen gegen fleißige, viele Jahre hier lebende Gastarbeiter oder eine Zehn-Quadratmeter-pro-Kopf-Regel verlangt. Wir wären froh, wenn jeder Österreicher zehn Quadratmeter Wohnraum zur Verfügung hätte. Aber das unmittelbar mit der steigenden Kriminalität verbundene Problem der zahllosen sich illegal bei uns aufhaltenden Ausländer regeln diese Gesetze gar nicht.

Aus Haider: Die Freiheit, die ich meine, S. II

Das Thema „Ausländerfeindlichkeit" ist ein geeignetes Vehikel, um einen weiteren Zuzug von anderen Staatsangehörigen im Sinne des Zieles einer multikulturellen Gesellschaft politisch und praktisch zu fördern und dabei durch allmähliche Veränderung des Staatsvolkes die ersehnte Destabilisierung des politischen Systems herbeizuführen. [...] Nach dem Zusammenbruch des real existierenden Sozialismus hat die bundesdeutsche Linke ein neues Betätigungsfeld gefunden. Die Rituale aus der Mottenkiste des Antifaschismus können neu durchexerziert werden: Die Teilnahme an Mahnwachen vor Ausländerwohnheimen kommt dem Gefühl nahe, als aufrechte Kämpfer rechtzeitig gegen den Faschismus aufzutreten. [...]

Überraschend ist die Brutalität, mit der in dieser Kampagne vorgebliche Ausländerliebe zu tatsächlichem Inländerhass führt. Manchmal hat man den Eindruck, dass die „Ausländerfeindlichkeit“ sogar nur eine Funktion der Inländerfeindlichkeit ist. Die Selbstanklage des „Masorassismus“ soll verängstigte und labile bürgerliche Seelen zur Parteinahme für das multikulturelle Experiment gewinnen helfen, weil nationales Denken und Heimatbewusstsein natürlich nicht zum Zeitgeist gehören.
Sicherlich, auch die Völker Mitteleuropas sind Mischprodukte mit einander überlagernden ethnischen Schichten – dies aber als Ergebnis vielhundertjähriger, organischer evolutionärer Bewegung und Begegnung und nicht als Ergebnis einer massenhaften Landnahme im Kernterritorium der Heimat. Diese Fehlentwicklung ist auch eine Ursache für das traurige Neonaziproblem. Ich halte es allerdings für falsch, aus der Existenz einer radikalen jugendlich-dumpfen Protestbewegung die Gefahr des Wiederaufstiegs des Nationalsozialismus zu konstruieren.

Aus Haider: Die Freiheit, die ich meine, S. 76-77

Darüber, wie man Heimatrecht und damit Bürgerrecht, also Staatsbürgerschaft, erwerben kann, gibt es zwei unterschiedliche Auffassungen, das Abstammungsprinzip auf der einen und das Territorialprinzip auf der anderen Seite. Das Abstammungsprinzip umfaßt nicht nur das Recht, in der Heimat zu bleiben, sondern es bietet ethnischen Minderheiten auch das Recht auf Rückwanderung und Einbürgerung. So können nach diesem Prinzip Juden aus aller Welt nach Israel einwandern, Siebenbürger und Banater nach Deutschland oder Argentinier italienischer Abstammung nach Italien. [...] Auch den Landlern, die zur Zeit der Gegenreformation aus Oberösterreich und Kärnten ausgesiedelt wurden, sollte dieses Recht auf Heimat nicht vorenthalten werden. [...] Das Territorialprinzip wird heute in Europa in erster Linie von denen propagiert, die einer schrankenlosen Einwanderung das Wort reden. Ihre Anhänger berufen sich zwar häufig auf die Menschenrechte, übersehen dabei aber, dass sie damit gerade das Recht auf Heimat negieren und die Überlebensrechte ethnischer Minderheiten preisgeben. Sie übersehen, dass es sehr wohl ein Grundrecht auf Heimat aber keinesfalls ein Recht auf Einwanderung gibt. Wie anders sollten denn auch die Rechte ethnischer Minderheiten gegenüber einer quantitativ überlegenen Zuwanderung in einem bestimmten Heimat-Territorium geschützt werden?

Aus Haider: Die Freiheit, die ich meine, S. 88-89

Die vereinigten Linken waren auf der Suche nach einer neuen Ideologie und nach neuen Feindbildern. Sie fanden ersteres in der Idee von der multikulturellen Gesellschaft und das zweite in allen, die damit nicht rückhaltlos einverstanden waren. An die Stelle des „Klassenfeindes" trat der „Ausländerfeind", im Klartext jeder, der nicht einer schrankenlosen Einwanderung das Wort redet. [...]

Wenn es um die Durchsetzung ihrer gesellschaftspolitischen Vorstellungen ging, waren die Linken noch nie besonders zimperlich. Eine Mitbestimmung der Bürger war im realen Sozialismus genausowenig gefragt wie heute bei den Multi-Kultis.

Aus Haider: Die Freiheit, die ich meine, S. 90

Die multikulturelle Gesellschaft ist hart, schnell, grausam und wenig solidarisch, sie ist von beträchtlichen sozialen Ungleichgewichten geprägt und kennt Wanderungsgewinner ebenso wie Modernisierungsverlierer, sie hat die Tendenz, in eine Vielfalt von Gruppen und Gemeinschaften auseinanderzutreiben und ihren Zusammenhalt sowie die Verbindlichkeit ihrer Werte einzubüßen. [...] Die Gesellschaftsordnung des Islam ist unseren westlichen Werten entgegengesetzt. Menschenrechte und Demokratie sind mit der mohammedanischen Glaubenslehre ebensowenig vereinbar wie die Gleichberechtigung der

Frau. Das Individuum und sein freier Wille zählen im Islam nichts, der Glaube und der Glaubenskampf – Djihad, der heilige Krieg – alles. Keine Weltreligion verbreitet sich derzeit so schnell wie der Islam.

Aus Haider: Die Freiheit, die ich meine, S. 91-93

Hier wird eines der Grundprobleme der multikulturellen Gesellschaft offenbar. Nicht die Einwanderer integrieren sich, in die Gesellschaft und Kultur, die sie hier vorfinden, sondern sie erwarten von den Einheimischen, dass diese sich den neuen Sitten und Gebräuchen anpassen. Integration und Assimilation sind eben nicht Ziele einer multikulturellen Gesellschaft.

Aus Haider: Die Freiheit, die ich meine, S. 93

Eine Gesellschaft, die auf keiner gemeinsamen Wertebasis beruht, führt unweigerlich ins Chaos, zur Auflösung von Recht und Ordnung. Dies mag für die Verfechter der linken Lehre mit ihren anarchistischen Tendenzen eine durchaus akzeptable, wenn nicht gar wünschenswerte Konsequenz sein. Für Bürger, die in ihrer Heimat in Frieden leben wollen, wird gerade deshalb die Utopie von der multikulturellen Gesellschaft zum Alptraum.

Aus Haider: Die Freiheit, die ich meine, S. 94

Gemeinsam gründete man die Aktion „SOS-Mitmensch“, die ein „Lichtermeer“ veranstaltete. Unter dem Slogan „Anständigkeit zuerst“ gab man zu verstehen, wer das Volksbegehren unterschreibe, sei „unanständig“. „Bringt die Nazis her, heute brennen sie im Lichtermeer“, lautete der türkische Schlachtruf von Teilnehmern am Lichtermeer in Wien. Es war ein wirklich eindrucksvoller Beweis von „Anständigkeit“.

Aus Haider: Die Freiheit, die ich meine, S. 101

Österreich schließt mit ausländischen Staaten Sozialabkommen ab, die eine unerhörte Benachteiligung der Österreicher zur Folge haben. Wenn nämlich ein Ausländer bei uns eine kleine Pension erworben hat, dann muss er nur pro forma einen Wohnsitz in Österreich anmelden, und schon erhält er eine volle Ausgleichszulage. Nehmen wir an, ein Jugoslawe hat einen Pensionsanspruch von 980 Schilling monatlich in Österreich erarbeitet. Er lebt nun in seiner Heimat. Wenn er einen Wohnsitz in Österreich anmeldet erwirbt er dadurch den Anspruch, da er verheiratet ist, auf die volle Ausgleichszulage für den Ehegatten und für sich von monatlich 10.000 Schilling. Das ist auch kein Einzelfall. Das System ist nicht nur vielfach ungerecht, sondern auch österreichfeindlich. Warum auch sollen von Österreich Familienbeihilfen in Milliardenhöhe an das Ausland für Kinder bezahlt werden, die gar nicht in Österreich wohnen? Andererseits ist das Loch im Familienlastenausgleichsfonds bereits so groß, dass die Finanzierung der Freifahrten für Lehrlinge zur Arbeit eingestellt werden musste. Was ist das für ein Staat, was ist das für ein System, das kaltschnäuzig die Interessen der jungen Facharbeiter mit Füßen tritt und andererseits Milliarden für dubiose Zahlungen ans Ausland verfügbar macht? Manchmal hat man in Österreich den Eindruck, dass die herrschende Klasse überhaupt nicht weiß, für welches Land und für welche Menschen sie Verantwortung übernommen hat. Wie sagt Botho Strauß provozierend: „Intellektuelle sind freundlich zum Fremden, nicht um des Fremden Willen, sondern weil sie grimmig sind gegen das Unsere und alles begrüßen, was es zerstört ..."

Aus Haider: Die Freiheit, die ich meine, S. 164

Die ehrliche Alternative für die Finanzierbarkeit der sozialen Sicherheit lautet: Mehr arbeiten, mehr Kinder und weniger ausländische Zuwanderer oder weniger arbeiten, weniger eigene Kinder und mehr Einwanderer. Das Ziel der Zuwanderung, in welchem Umfang sie auch immer stattfinden mag, muss auf Integration ausgerichtet sein. Die Politik muss daher moralische Führungskraft zeigen und der absurden Idee einer multikulturellen Gesellschaft eine Absage erteilen. Mit dem Fall des Sozialismus im Osten ist auch der Versuch gescheitert über die ethnischen Gruppen und Völker hinweg gleichsam eine universale Weltkultur zu schaffen. Der Prozeß der nationalen Selbstfindung und Entfaltung im neue Europa sollte nicht neuerlich durch den Versuch gestört werden, einen Schmelztiegel der Nationen zu erbauen.

Aus Haider: Die Freiheit, die ich meine, S. 173

In Wahrheit ist die Multi-Kulti-Ideologie ein Instrument der Linken, vor allem in Deutschland, um den pathologischen Selbsthaß gegen das eigene Volk zu instrumentalisieren.

Aus Haider: Die Freiheit, die ich meine, S. 175

Ein laizistischer Staat in Reinkultur, der sich den Islam auf Distanz hält, wird nicht umhin können, Gleiches in bezug auf die christlichen Religionen zu tun, dies um so mehr, als sich die Gesellschaft infolge der Einwanderung immer stärker durch die Einwandererfamilien verjüngt und somit ein langsamer Austausch der Völker stattfindet. Das heißt: Rückzug aus dem Religionsunterricht in den Schulen und aus öffentlichen Institutionen schlechthin. Warum in Anbetracht solcher Konsequenzen katholische Bischöfe und Kirchenmänner da noch begeistert für liberale Einwanderung und multikulturelle Utopien auf der Straße demonstrieren, ist unerfindlich. Aber in Österreich hat man beim Lichtermeer gegen Ausländerfeindlichkeit auch Kardinäle und Bischöfe neben Kommunisten gehen sehen, deren Ideologie 70 Jahre lang freie christliche Religionsausübung im Ostblock unmöglich gemacht hatte.

Aus Haider: Die Freiheit, die ich meine, S. 176

So wurden etwa von 1989 bis 1992 in der Ostregion Österreichs 10.400 neue Arbeitsplätze geschaffen. Davon sind aber alle, also 100 Prozent, mit billigen ausländischen Arbeitskräften besetzt worden. Zugleich hat sich die Beschäftigung der Österreicher um 1300 Arbeitsplätze verringert.

Aus Haider: Die Freiheit, die ich meine, S. 177 f

Über 380.000 Wohnungen sind durch diese Mietengesetzgebung dem Wohnungsmarkt entzogen, der sich in den letzten Jahren durch die unhaltbare Zuwanderung von rund 330.000 Ausländern zwischen 1989 und 1992 zusätzlich in einer angespannten Lage befindet.

Aus Haider: Die Freiheit, die ich meine, S. 185

In unserer Erwerbsgesellschaft müssen immer weniger Arbeitende immer mehr bezahlen, damit immer mehr Nichtarbeitende versorgt werden können. Die Zumutbarkeit der vermittelten Arbeit ist daher zu verschärfen und der Gastarbeiteranteil abzubauen. Weitere Zuwanderung ist temporär zu stoppen. Gleichzeitig bleiben viele soziale Aufgaben wie Altenpflege, Essen auf Rädern, Hauskrankenpflege und vieles andere unerledigt. Der Staat kann sich ihre Organisation nicht mehr leisten. Ich plädiere daher für einen allgemeinen Sozialdienst. Jeder Bürger und jede Bürgerin sollte einen Teil seines (ihres) Lebens der Gemeinschaft zur Verfügung stellen. Das ist besser, als Gastarbeiter ins Land zu holen und dafür unsere sozial Schwachen zu vernachlässigen. Die Zeit ist gekommen, nicht nur Ansprüche zu stellen, sondern auch Pflichten zu erfüllen.

Aus Haider: Die Freiheit, die ich meine, S. 218-219

In manchen Wiener Pflichtschulen liege der Ausländeranteil schon bei „50 oder 60 Prozent“. Da gebe es türkische Eltern, die verlangten, das Kruzifix von der Klassenwand zu nehmen: „Dafür“, so der FPÖ-Obmann, „haben wir nicht die Türkenkriege geführt.“

profil, 25. Jänner 1993

Die FPÖ fordere den Einwanderungsstopp. Denn, so Haider: „wir haben die Türkenkriege doch nicht umsonst geführt".

Der Standard , 1. Februar 1993

Der Innenminister sei aufgefordert, die geradezu lächerliche Schubhaftpraxis zu verändern, um ein Ansteigen des Heeres der Illegalen zu verhindern. Dies sei notwendig, da die derzeitige Gesetzgebung keine Lösung des Illegalenproblems bringe. Schließlich seien illegale Mitschuld am Ansteigen der Kriminalität und am Entstehen ethnischer Konflikte, meinte Haider.

Freiheitlicher Pressedienst, 17. Juni 1993

Angesichts der Tatsache, dass mehr als 20.000 Wiener auf eine Gemeindewohnung warteten, sei dies eine Verachtung der Anliegen der heimischen Bevölkerung, kritisierte Haider.

Freiheitlicher Pressedienst, 23. September 1993

Die FPÖ werde jedenfalls eine neuerliche parlamentarische Initiative für die Einführung einer generellen Ausweispflicht (für alle ausländischen Arbeitnehmer) starten, kündigte Haider an.

Freiheitlicher Pressedienst, 6. Oktober 1993

Anstatt auf pompösen Konferenzen dem Multikulti-Spuk weiterhin das Wort zu reden, soll Vranitzky endlich die Sorgen der Österreicher ernst nehmen und in der Ausländerpolitik nach dem Motto „Österreich zuerst" handeln.

In: Freiheitlicher Pressedienst, 6. Oktober 1993

„Die jetzige Zuwanderung ist ein kleines Lüfterl, der Sturm kündigt sich jedoch schon an", sagte Haider, der davon ausgeht, dass es zu starken Wanderungsbewegungen, vor allem aus der Dritten Welt, kommen werde.

Freiheitlicher Pressedienst, 28. 10. 1993

Scharfe Kritik übte Haider auch an der Doppelstrategie der Vranitzky-SPÖ. So habe etwa Arbeiterkammerpräsident Vogler in einer Werbebroschüre kundgetan, dass die massive Zuwanderung die Arbeitsplätze gefährde. Als die FPÖ dies bei ihrem Volksbegehren gesagt habe, sei sie als faschistisch bezeichnet worden. „Ich begrüße den Faschisten Vogler in unseren Reihen", so Haider.

Freiheitlicher Pressedienst, 1. Mai 1994

Wir treten angesichts dieser ungeheuren Vorfälle dafür ein, dass verstärkt auf das Heimatrecht der Österreicher hingewiesen wird. Wer inländerfreundlich ist, ist gleich faschistisch, wer für die Familie ist, wird als Auslaufmodell bezeichnet. Verantwortlich für diese zu korrigierenden Geisteshaltung machte Haider den „geistigen Stalinismus" von Personen wie Minister Scholten.

Freiheitlicher Pressedienst, 15. Jänner 1995

Ich war bei Freunden in Namibia, dem ehemaligen Deutsch-Südwestafrika, mit meiner Familie zusammen, weil ich ein bisschen erproben wollte, wie das Zusammenleben mit den Schwarzen so ist, wenn sie die Mehrheit haben. Mit den Schwarzen ist das wirklich so ein Problem. Selbst dort wo sie die Mehrheit haben, bringen sie nichts zusammen. Da ist einfach wirklich Hopfen und Malz verloren.

Zeit im Bild 2, 1. Mai 1995

Wenn Österreich durch die Europäische Menschenrechtskonvention beim Familiennachzug für Ausländer in die Pflicht genommen werde, sollte man diese Bestimmung aufgeben.

Der Standard, 6. Oktober 1995

Außerdem sei das Recht der Inländer auf Heimat stärker als das Recht der Ausländer auf Familienleben. Österreich solle daher von der Europäischen Menschenrechtskonvention abgehen.

Salzburger Nachrichten, 6. Oktober 1995

In Österreich gibt es 300.000 Arbeitslose und 300.000 offizielle Ausländer.

Freiheitlicher Pressedienst, 1. 5. 1996

Natürlich gibt es einen Verdrängungswettbewerb. Wenn wir im heurigen Jahr im Schnitt 270.000 Arbeitslose haben werden und rund 270.000 Ausländer da sind, so ist das ein Verdrängungswettbewerb – ob es Ihnen paßt oder nicht. Sie beschließen dann ein Sparpaket und stellen fest, dass wir Familienbeihilfen nicht mehr leisten können, Karenzgeld kürzen müssen, Geburtenbeihilfen streichen müssen und vieles mehr. Und der Bundeskanzler sagt: Weil wir uns das nicht leisten können, müssen die österreichischen Familien Zurückhaltung üben und tiefer in die Tasche greifen. Auf der anderen Seite aber sagt er: Wir lassen noch ein paar Tausend herein – Kinder, Mütter, die alle mitversichert sind, die Kindergartenplätze haben wollen.

Nationalrat, XX. GP – 18. Juni 1996 – 30. Sitzung

Sie reden davon, dass es auf dem Arbeitsmarkt kein Problem ist, wenn junge Ausländer hergeholt werden, die eine Lehre machen wollen, die einen Lehrplatz haben wollen, aber dieselbe Bundesregierung bringt es nicht zuwege, Lehrstellen für die Österreicher bereitzustellen. Kollege Schieder! 35 Prozent weniger Lehrstellenangebote gibt es heuer dank dieser Bundesregierung. Und dann werden Tausende hereingeholt, die auch eine Lehrstelle brauchen, wodurch sich die österreichischen Lehrlinge mit den ausländischen Lehrlingen um die Ausbildungsplätze balgen müssen, weil die Regierung die notwendigen Voraussetzungen nicht geschaffen hat. Ist das jener soziale Frieden, den Sie schaffen wollen? [...] Wenn Sie sagen, eine Quote regle das alles, dann sage ich Ihnen: Wer die Gesetzesstellen liest und sich auch den Entwurf und die Begutachtung anschaut, wird draufkommen, dass über den Umweg des Asylwerberstatus jeder auch außerhalb der Quote eine Daueraufenthaltsbewilligung erreichen kann. Wer sich den Entwurf anschaut, weiß, dass falsch argumentiert wird betreffend die Familienzusammenführung. Diese ist nach der Europäischen Menschenrechtskonvention nicht geboten. Wer sich den Entwurf anschaut, weiß, dass alle Illegalen, die in Österreich sind, durch diese Maßnahme legalisiert werden sollen.

Nationalrat, XX. GP – 18. Juni 1996 – 30. Sitzung

Gehen Sie einmal zu „Milchfrisch" in Wien, dann wundern Sie sich, dass dort bei an sich guter Bezahlung fast nur Ausländer tätig sind, nur ein verschwindend geringer Prozentsatz Österreicher. [...] Gehen Sie in die Bauwirtschaft, reden Sie einmal mit den Bauarbeitern, die Leute werden Ihnen sagen: Die Trennungszulage streichen sie uns, die Regie- und Akkordzulage streichen sie uns, 7.000, 8.000, 9.000 S Einkommensverlust müssen wir in Kauf nehmen, weil man uns damit droht, durch billigere Ausländer ersetzt zu werden. – Sie haben keine Ahnung, wie die Dinge, heute in der Realität ausschauen! Und das ist das, was wir Ihnen vorwerfen. [...] Sie sagen, wir werden restriktiv vorgehen, aber in Wirklichkeit wurden in den letzten fünf Jahren allein in Wien aufgrund von vorzeitiger Verleihung von Staatsbürgerschaften 50.000 Leute zu neuen österreichischen Staatsbürgern, damit sie über diesen Umweg leichter zu Gemeindewohnungen kommen. Das ist der Schmäh, mit dem gearbeitet wird! [...] Das ist gefährlich! Und ich sage Ihnen auch, warum Sie diese Politik machen: Weil Sie wissen, dass Ihnen die Österreicher immer weniger das Vertrauen geben werden, schaffen Sie sich ein neues Volk hier in Österreich. 9.000 zusätzliche Einbürgerungen in Wien sind ist ein verläßliches Mandat, das Sie sich schaffen. (Zwischenruf des Abg. Dr. Nowotny.) Und Sie machen auch entsprechend Propaganda. Aber ich sage Ihnen: Bevor Sie beginnen, das Volk auszutauschen, werden wir dafür werben, dass Sie ausgetauscht werden, meine Damen und Herren!

Nationalrat, XX. GP – 18. Juni 1996 – 30. Sitzung

Zum Ausgleich von Beschäftigungsspitzen können Gastarbeiter aufgenommen werden. Aber nach Ende der Beschäftigung kehren sie wieder in ihre Heimat zurück. Bei uns bleiben sie und können ihre Familien nachholen. Der Staat importiert einen Sozialfall, anstatt der bedürftigen Familie in ihrem Heimatland zu helfen.

Aus Haider: Befreite Zukunft jenseits von links und rechts, S. 27

In unserem Land leben Hunderttausende Illegale. Vorzeitige Einbürgerungen haben Zuwanderer gegenüber den Österreichern – etwa bei Wohnungen – begünstigt. Die vorschnelle Erteilung von 60.000 zusätzlichen Arbeitsbewilligungen an bosnische Kriegsflüchtlinge führt zur Verschärfung der Arbeitslosigkeit in Österreich. Ist da nicht die Frage berechtigt, für wen sich eigentlich die Politiker dieses Landes verantwortlich fühlen? Ist das links, wenn die Interessen der eigenen Bevölkerung ignoriert werden? Ist das die moralischere Politik, wenn Zuwanderer, die – bei allem Verständnis für ihre Not – bessere Bedingungen in Österreich vorfinden als jene Landsleute, die dringend unsere Hilfe benötigen? Ist das „Hetze gegen Ausländer", wenn wir versuchen, jenen Österreichern zuerst zu helfen, die am Rande des Existenzminimums leben, und gleichzeitig Modelle entwickeln, die Bedingungen in den Heimatländern der Flüchtlinge zu verbessern?

Aus Haider: Befreite Zukunft jenseits von links und rechts, S. 40

Die multikulturelle Gesellschaft hat es nie gegeben. Und die Erfahrungen in den verschiedenen Ländern haben dies auch bewiesen.

Aus Haider: Befreite Zukunft jenseits von links und rechts, S. 94

Der Verwaltungsgerichtshof ist durch die Asylverfahren lahmgelegt. Mehr als 50 Prozent seiner Fälle sind fremdenrechtlicher Natur. Der Erledigungsstau ist gewaltig. Der Wegfall der „aufschiebenden Wirkung" in diesen Fällen würde zu einer spürbaren Entlastung führen. Ich bin sicher, dass viele Kriminelle, die auf Grund rechtskräftigen Urteils abzuschieben sind, die Lust zum Einspruch vor dem Höchstgericht verlieren, wenn damit nicht die Gelegenheit verbunden ist, während des oft bis zu fünf Jahre dauernden Verfahrens in Österreich bleiben zu dürfen und in dieser Zeit auch noch Sozialhilfe zu kassieren.

Aus Haider: Befreite Zukunft jenseits von links und rechts, S. 117

Eines haben jene Moralisten, die mich in eine Reihe mit Faschisten und Rassisten stellen, noch nicht begriffen: Nicht ich mache einen Unterschied zwischen In- und Ausländer, sondern sie machen ihn!

Aus Haider: Befreite Zukunft jenseits von links und rechts, S. 126

Ein Lokalaugenschein in der Bauwirtschaft beweist das durch die falsche Einwanderungspolitik ausgelöste Lohndumping. Dort regieren die bankeneigenen Großfirmen oder die Multis. Ein österreichischer Bauarbeiter erhält für die gleiche Tätigkeit auf derselben Baustelle um Tausende Schilling monatlich weniger, weil unsinnige Regelungen jedem Ausländer automatisch die große Trennungszulage zugestehen. Dafür arbeitet er um einen niedrigeren Stundenlohn.

Das wird noch ärger, vor allem mit der von der EU und der österreichischen Regierung betriebenen Ostöffnung. Um den Stundenlohn eines österreichischen Arbeiters kann man heute 10 tschechische Arbeiter, 20 Rumänen, 23 Philippinos, 42 Inder und 82 Chinesen anstellen!

Aus Haider: Befreite Zukunft jenseits von links und rechts, S. 170

Jeder Asylant holt sofort seine Familie nach und läßt sie gesundheitlich sanieren. Auf Kosten der tüchtigen und fleißigen Österreicher.

Kleine Zeitung Graz, 12. Jänner 1998

Jeder Buschneger hat in Zukunft die Möglichkeit, seine Kollegen in Österreich zu behandeln.

Über das neue Ärztegesetz, Der Standard, 13. Oktober 1998

Genauso schaut die Beschäftigungspolitik aus. Es sind mehr Ausländer beschäftigt, mehr Ausländer arbeitslos, und die Österreicher müssen zur Kenntnis nehmen, dass sie in dieser Zwangslage selbst Nachteile in Kauf zu nehmen haben. Das ist es, was wir Ihnen sagen wollen. [...] In der Zwischenzeit wissen wir, dass von den 95.000 bosnischen Kriegsflüchtlingen 70.000 eine Aufenthaltsbewilligung auf Dauer und eine Arbeitsbewilligung bekommen haben. Jetzt frage ich mich wirklich, Herr Bundesminister: Wo bleibt da eine konsequente Ausländerpolitik und Flüchtlingspolitik, wenn Sie das in dieser Form erledigen? *(Abg. Leikam: Ich werde das Ihren Parteifreunden in Kärnten ausrichten!)* 70.000 – oder zumindest 50.000 – werden zusätzlich den Arbeitsmarkt belasten, und das in einer Zeit wachsender Arbeitslosigkeit unter den Österreichern!

Nationalrat, XX. GP – 27. November 1998 – 150. Sitzung

Eine vernünftige Ausländerpolitik heißt, auch den Zustrom und die Zuwanderung einzugrenzen, und zwar dort einzugrenzen, wo Sie alle es verlangen, auch Ihre Partei: Dort, wo man sagt, dass jemand, der kriminell ist, in diesem Land nichts verloren hat, lieber Herr Kollege Leikam! Dieses Prinzip sollten Sie endlich einmal konsequent durchführen.

Nationalrat, XX. GP – 27. November 1998 – 150. Sitzung

Ein weiteres Beispiel zur Frage des Sozialmißbrauchs; auch das stört die Österreicher und ist damit verbunden. (Zwischenruf der Abg. Silhavy.) Hier ist ein Brief einer Frau, die bei einer Gebietskrankenkasse im Schalterdienst tätig ist. Diese Frau schreibt mir: Bitte nennen Sie meinen Namen nicht, ich muss noch elf Jahre in diesem Intrigantenstadl Gebietskrankenkasse durchdienen. –Dann schreibt sie folgendes: Diese Woche war ein junges türkisches Ehepaar bei mir am Schalter. Sie werden es nicht glauben: Die erhalten vom Staat monatlich 31.889 S, und keiner von diesen geht arbeiten. Das ist ein Supereindruck, den man da gewinnt, wenn der Sozialstaat Österreich eine derartige Großzügigkeit hat, dass wir zwar bei unseren Frauen und Müttern das Karenzgeld kürzen müssen, weil wir kein Geld mehr haben, dass wir bei den Behinderten das Taschengeld halbieren müssen, weil wir kein Geld mehr haben – aber dass wir für jeden Asylanten, der hier im Land ist, monatlich bis zu 30.000 S und mehr zur Verfügung haben, selbst wenn er straffällig wird, meine Damen und Herren. Das ist es, was die Leute irritiert.

Nationalrat, XX. GP – 27. November 1998 – 150. Sitzung

Schüssel trägt seine Masche nicht um den Hals, sondern vor dem Hirn. Schüssel betreibt eine Politik des Landesverrates, denn durch die Osterweiterung wird es 800.000 Zuwanderer geben.

Freiheitlicher Pressedienst, 10. Jänner 1999

Format: *Im Wahlkampf wird jetzt wieder öfter von der „Kärntner Urangst" gesprochen. Wie würden Sie diesen Begriff definieren?*

Haider: Die Kärntner Urangst ist das Fehlen des Vertrauens, dass der südliche Nachbar Slowenien im Zweifelsfall die Kärntner Grenze als unantastbar ansieht. Bis heute zeigt sich, dass das nicht so ist. Der slowenische Präsident Kucan hat vor gar nicht langer Zeit in einer Rede gesagt, dass Kärnten wirtschaftlich, politisch und sozial ein Teil des slowenischen Territoriums sei. Das ist die slawische Denkungsart. Diese Menschen denken in völkischen Räumen, in Dimensionen der ethnischen Zugehörigkeit, und dieses Denken hat auch einen imperialistischen Hintergrund.

Format: *Wie kommen Sie zu dieser Theorie?*

Haider: Die Geschichte hat es gezeigt. Auch die Monarchie ist am slawischen Imperialismus zerbrochen. Ein serbischer Fanatiker ermordete den Thronfolger, weil er den Traum eines serbischen Großreichs verwirklichen wollte. Das war der Urgrund des Ersten Weltkriegs. Und als der Krieg beendet war und klar wurde, dass das neue Österreich ein schwaches Gebilde ist, kam bei der ersten Gelegenheit der slawische Imperialismus und griff nach Kärnten. Diese Ängste sind auch heute noch begründet. Dabei hat Kärnten durch ein modernes Schulsystem den Slowenen die Zweisprachigkeit immer ermöglicht. Doch einige Slowenen argumentieren immer so: Wenn wir nachweisen können, dass es in einem Land viele Schulen, Kindergärten, Gemeinden und Gerichte gibt, wo slowenisch gesprochen wird, dann ist das unser Territorium.

Format: *Glauben Sie, dass die slowenische Armee in Kärnten einmarschiert?*

Haider: Nein. Früher wurde das militärisch erledigt. Heute spekulieren die Slowenen darauf, dass sie, sobald sie Mitglied der EU sind, eine Großregion etablieren, in der sie dann die dominante Rolle spielen. Darum fordern sie auch eine hohe

Kulturförderung, um nachzuweisen, dass ein bestimmtes Gebiet südlich der Drau auf jeden Fall als ursprünglich slowenisches Gebiet gilt. Und irgendwann wollen sie es vielleicht überhaupt zurückhaben. So denkt eine radikale slowenische Minderheit.

Format Nr.2/1999

News: *Sie spielen die Konzilianz in Person, aber auf der Straße picken die ungustiösen „Überfremdungs"-Plakate.*
Haider: Das war die Wiener FPÖ. Die sind immer sehr eigenständig. Das war schon bei der Heide Schmidt so, als sie „Wien darf nicht Chicago werden" plakatiert hat. Ihre Idee. Außerdem hat Wien eine Sondersituation, weil hier eine besonders konzentrierte Zuwanderung stattgefunden hat. Die Leute empfinden das als Belastung. Ob berechtigt oder unberechtigt.
News: *Unter anderem, weil Sie mit solchen Plakaten die Emotionen schüren.*
Haider: Sobald ich das Gefühl hätte, dass wir da eine Note hereinbringen, die eine stärkere Polarisierung schafft, würde ich meine Leute sofort stoppen.

News 37/99

... und es is a Faktum, dass die Ausländer natürlich mehr Kinder haben. Das wird auch ein manifestes Problem, dass, mit einer ungehemmten Zuwanderungspolitik sicherlich in der nächsten Generation dann die Mehrheitsverhältnisse in manchen Bezirken oder in manchen Wohnbereichen zugunsten der Ausländer sich verändern, und das ist eine Frage, ob das die Österreicher wollen.
Sind Sie mit dem Wort „Überfremdung", das in Kritik stand als alter nationalsozialistischer Ausdruck – auch Kriemhild Trattnig hat ihn verwendet –, sind Sie mit diesem Begriff glücklich?
Die Nationalsozialisten haben auch schon „Grüß Gott" und „Guten Morgen" gesagt! Also würde ich im Sinne der Political Correctness das Stummsein verordnen müssen. Es ist, glaub

ich, klar, dass die FPÖ zum Ausdruck bringt, dass wir keine weitere Zuwanderung wollen, dass wir einen befristeten Zuwanderungsstopp propagieren.
Im letzten Jahr war die De-facto-Zuwanderung in Österreich null. Der Zugang war bei 200 Ausländern. Ist Ihre Forderung nicht längst erfüllt?
Also mit der Statistik lässt sich alles beweisen. Die ganze Quotenregelung ist in Wirklichkeit ein aufgelegter Schwindel, weil ja aus der Quote in den letzten Jahren laufend Bevölkerungsgruppen der Zuwanderer herausgenommen worden sind. Es müsste die Quote in Wirklichkeit mal drei gerechnet werden, um auf ein tatsächliches Zuwanderungsvolumen jährlich zu kommen. Das würde also bedeuten, dass wir etwa bei 35- bis 50.000 Nettozuwanderern sind. Weil da sind die Schüler, die Studenten, die Kinder von Österreichern, die mit Ausländern verheiratet sind.
Sind das (Kinder von Österreichern, Anm.) auch Zuwanderer?
Die sind alle, wenn sie von woanders kommen, Zuwanderer.
Ein Kind von einem Österreicher hat die österreichische Staatsbürgerschaft.
Sie sind nicht in der Quote, nicht? Normalerweise waren sie ja alle in der Quote drinnen. Man hat dann Ausnahmeregelungen gemacht, daher kann man nicht immer sagen, es gibt eh eigentlich keine Zuwanderung mehr.
Ein Kind von einem Österreicher ist österreichischer Staatsbürger!
Aber man kann so viel aus der Quote nehmen, bis die Quote null ist, nicht? Dann lass ich nur mehr drinnen die Sonderquote für Künstler und Journalisten, die gibt's nämlich auch, nicht? Da wird's dann nicht sehr ersprießlich sein.
Die Frage zielt darauf hin: Macht man es sich mit der Nullquote zu einfach für gewisse Härtefälle, etwa bei der Familienzusammenführung? Es gibt ja gewisse persönliche Situationen, wo es notwendig ist, dass Ausländer ins Land kommen.
Ja, aber das soll man im Einzelfall entscheiden und nicht durch Generalisierung. Das ist ja das Problem. Wenn ich den Fami-

liennachzug sozusagen als Anerkennungsgrund für die Zuwanderung hernehme, dann wird des also grenzenlos, das ist genau der Punkt. [...]

Aber dieser Kinderscheck wird auch mit Mitteln finanziert, für die auch Ausländer eingezahlt haben, widerspricht das nicht ein bisschen dem Gerechtigkeitssinn?

Erstens einmal gibt es diesen Nachweis ja nicht, dass die Ausländer mehr einzahlen, als was sie kriegen. Zweitens kriegen die Ausländer in einem erheblichen Ausmaß Sozialtransfers in Österreich, vor allem dort, wo sie Sozialhilfemaßnahmen in Anspruch nehmen, die über die Gemeinden und Länder laufen. Ich siach des heit als Landeshauptmann, was da in Wirklichkeit an Ausländer geht, und ich halte es nicht mehr für verantwortbar, zusätzliche Leistungen zu propagieren, weil einfach Leute, die mit einer Renten von ein paar Schilling leben müssen und dann sehen, dass die Sozialhilfeleistungen bei zehn-, zwölf-, fünfzehntausend Schilling liegen, für Leute, die kurz da sind, noch nie gearbeitet haben da bei uns, aber irgendwie versorgt werden müssen, da versteh ich den Unmut der Österreicher, die sagen: „Was ist das für ein Land? Auf mi schauens net, ich hab da aufgebaut, vierzig Jahre gearbeitet, leb mit sechstausend Schilling, und a Asylant, der da daherkommt mit seiner Familie, hat zwölf-, vierzehntausend Schilling im Monat zur Verfügung.

Weil Sie das Thema Asyl ansprechen: Sie haben vorher in der Rede, wo es um Asyl ging, gesagt, Marcus Omofuma war ein Drogendealer. Das ist mir neu. Woher haben Sie diese Information, und wenn es so wäre, würde dann die Behandlung, die ihm nachher passiert ist, in irgendeiner Weise mehr gerechtfertigt sein?

Habe ich ja nit gesagt. Ich hab g'sagt, es ist ein tragischer Vorfall gewesen, aber man muss auch umgekehrt die Seite – und um des geht's mir –, dass man auch die Seite der Opfer einmal sieht. Dass man also nicht dauernd ... also Krokodilstränen für einen, äh, abgeschobenen Drogendealer, äh, hat, während

man gleichzeitig, äh, gleichzeitig sozusagen, die Opfer, die er verursacht hat ...
Was immer im Flugzeug passiert ist, das wird das Gericht klären, aber machen Sie es sich nicht zu leicht zu sagen: „Er ist ein Drogendealer und Mörder unserer Kinder, daher gehört's ihm eigentlich."
Nein, das hab ich nit g'sagt.
Aber es klingt so.
Nein, es klingt auch nicht so. Man muss sagen, es gibt eine Täterseite und eine Opferseite, und Österreich zeichnet sich dadurch aus, dass alle nur über die Täter jammern und philosophieren, und die Opfer werden ignoriert. Allein die Tatsache, wann's du heit schaust, wie viel für die Resozialisierung von Straftätern ausgegeben wird in unserem Land und wie viel für Opferschutz vorhanden ist. Die lächerlichen Millionen, die da im Budget eingesetzt sind, können nie ausreichen, die vielen Opfer auch wirklich ordentlich zu behandeln, vor allem beim Kinderschutz!
Aber das Opfer war doch in diesem Fall Omofuma, Opfer einer ...wahrscheinlich strafbaren ... Handlung?
Das wird man erst klären. Aber Tatsache ist, dass er offenbar aus dem ganzen Drogenhändlerbereich stammt.

Interview mit Florian Klenk und Nina Weissensteiner (Falter), 23. September 1999

Wenn der Klima für die Osterweiterung ist, soll er gleich in Tschechien kandidieren!

Wahlkampfrede am Stephansplatz, 1. Oktober. 1999

Die Reaktionen israelischer Politiker auf den FP-Sieg bezeichnet Haider „hysterische Akte, die den jüdischen Bürgern in ganz Europa schaden". Haider weiter: „Es gibt jetzt genügend Leute, die sagen: ‚Wir wissen jetzt, warum Antisemitismus entsteht.'"

Salzburger Nachrichten, 8. Oktober 1999

Diese „Oktober Arena" ist nachweisbar heute ein reines Exerzierfeld des Bundes der Kommunisten Österreichs, die hier mit massiver Agitation arbeiten, die Zerstörung der österreichischen Staatsmacht fordern, die militante Bekämpfung der Parteien und Abtrennung Südkärntens von Österreich. [...] Wenn ein Bundeskanzler eine Antwort gibt [*Dr. Kreisky verteidigte die Veranstaltung*], die in Widerspruch mit den tatsächlichen Verhältnissen steht, dann muss ich feststellen, dass es untragbar ist, wenn ein Bundeskanzler heute kommunistische Aktivitäten, die die Zerschlagung Österreichs ins Auge fassen, als positive Werbung für dieses Land ansieht. Das ist meines Erachtens ein bißchen ein starkes Stück. [*Abg. Haas: Es lebe die alte Burschenherrlichkeit!*] Na, schauen Sie sich das einmal an! ich würde sagen, das sind echte Patrioten, die für Österreich schon etwas geleistet haben. Aber diese Kommunisten, die hier verteidigt werden, sind gegen Österreich eingestellt, und wir haben daher keine Veranlassung, hier eine Unterstützung zu geben. [*Abg. Dr. Fischer: „Wenn alle untreu werden", was?*] Ich glaube ihnen schon, dass ihnen das unangenehm ist, wenn es noch Organisationen gibt, die auch traditionelles Liedgut pflegen, Herr Kollege Fischer! [*Abg. Dr. Fischer: SS-Lieder sind uns unangenehm, und mehr als das!*] Aber Sie sind gerade einer jener, die alles zu verharmlosen trachten, was sich auf der linken Ebene abspielt.

64. Sitzung des Nationalrats, XV Gesetzgebungsperiode, 25. Februar 1981

Aber wir werden keine Österreichbeschimpfung dulden, wenn sie von subventionierten Schriftstellern praktiziert wird. Ich nenne den Namen Thomas Bernhard. Die FPÖ lässt unsere schöne Heimat nicht beschmutzen.

Rede auf dem Innsbrucker Parteitag, 14. September 1986

Das ist es, was den Bürger verärgert und verdrießt, und eben dieser Bürger möchte gesichert wissen, dass durch eine vernünftige Wirtschaftspolitik Arbeitsplätze geschaffen und nicht durch eine Sozialpolitik Arbeitslose finanziert werden müssen. Das soziale Netz ist natürlich wichtig. Aber die freiheitliche Politik kann sich nicht dazu bekennen, dieses Netz immer dichter zu machen, sondern sie will erreichen, dass man dieses Netzes überhaupt entbehren kann.

Aus: Aglas, Rebell Jörg Haider, S.18

An die Stelle der Monarchie- und Feudalmacht des 18. Jahrhunderts, der Kapitalistenmacht des 19. Jahrhunderts ist in unserem Jahrhundert die Funktionäre Macht als Herrschaftsgruppe über den einfachen arbeitenden Mann, den vermeintlich mündigen Bürger getreten.

Aus: Aglas, Rebell Jörg Haider, S.54

Die alten Parteien SPÖ und ÖVP haben den Machtanspruch auf Führung der Republik verspielt, da diese das Debakel in den Staatsbetrieben durch den politischen Proporz, die Bürokratisierung der Wirtschaft sowie ein undemokratisches Kammersystem und den Verfall der sozialen Gerechtigkeit durch Privilegienwirtschaft zu verantworten haben.

Freiheitlicher Pressedienst, 11. Oktober 1986

Das einzige entscheidende Kriterium ist das verflixte Parteibuch in Österreich als Glücksbringer für jeden einzelnen Bürger, wenn er im öffentlichen Leben unterkommen will. Wenn er in Wien unterkommen will im öffentlichen Dienst, dann muss er halt offenbar bis zur Urgroßmutter nachweisen, dass immer alle schon sozialistisch waren, und dass er bei der ersten Geburtsminute bereits die Internationale auf den Lippen geträllert hat, dann ist er richtig qualifiziert, um aufgenommen zu werden. Aber man sollte auch nicht davor sich drücken zu sagen, dass beide alten Parteien einander gleichen wie ein Ei dem anderen, denn auch hier, wenn ein junger Mensch in Salzburg in den öffentlichen Dienst aufgenommen werden will, in der Landesregierung unterkommen will, ist nicht die Qualifikation entscheidend, sondern er muss so schwarz sein, dass er in einem Tunnel auch noch einen Schatten wirft, dann hat er eine richtige Chance, um aufgenommen zu werden.

Zeit im Bild 1, 7. November 1986

Die ÖVP ist als Partei geistig und moralisch weggetreten.

Neue Freie Zeitung, 18. Dezember 1986

Die halbherzigen Erklärungen Frau Blaus, sie verurteile die Gewaltanwendung durch die Demonstranten, sind nicht einmal das Papier wert, auf dem sie stehen, wenn gleichzeitig Herr Pilz offen für die linksradikalen Raufbolde Stellung nimmt, kritisierte Haider. Diese Janusköpfigkeit offenbare deutlich die Rolle, die der Grünen Bewegung von den sie unterwandernden Kräften zugedacht werde, nämlich die Keimzelle einer linksradikalen, die Verfassung negierenden, undemokratischen Bewegung zu werden, die ihre ideologischen Wurzeln bei Trotzkij, ihren Aktionismus aber von Gadaffi habe.

Freiheitlicher Pressedienst, 1. März 1987

Wir haben mit Bürgerbewegung genau in den Funktionärsfilz getroffen und sind auf dem besten Wege, die Auswüchse unseres Parteienstaates zu beseitigen.

Freiheitlicher Pressedienst, 6. April 1987

So glaube ich, dass der Marxismus als soziale Heilslehre, damit aber auch seine Abkömmlinge wie der Sozialismus in Gestalt der heutigen Sozialdemokratie, jede Daseinsberechtigung verloren haben.

Kärntner Nachrichten, 21. Mai 1987

Wenn es erwiesen ist, dass einer von unseren Leuten ein gegebenes Versprechen nicht eingehalten hat, und wenn unseren Wiener Freunden am 8. November daraus Nachteile erwachsen, dann werde ich meinen Rücktritt anbieten

Kurier, 31. Oktober 1987

Deshalb sollte das Volk, folgerte Haider, nicht über Waldheim sondern über die Koalition abstimmen: „Wenn sich das Land vom demokratisch gewählten Bundespräsidenten befreien soll, dann haben wir Freiheitlichen dafür zu sorgen, dass sich unser Land von den Drahtziehern dieser Kampagne und den Gaunern und Korruptionisten befreien muss."

Kleine Zeitung, 22. Jänner 1988

Wenn du so etwas sagst, wirst du ja gleich zum Faschisten gestempelt. Wenn das so ist, dann gibt es in Österreich aber viele Faschisten.

profil, 27. Juni 1988

Ich bin keiner von denen, die die Stimmen aller haben wollen.[...] Es gibt bei uns eine ganze Menge Menschen, die nicht arbeiten wollen, sondern nur unser Geld kassieren.

profil, 27. Juni 1988

Die SP praktiziert NS-Methoden. Damals hießen die Slogans „Kauft nicht bei Juden! Sprecht nicht mit Juden!" Die Sozialisten sagen: „Sprecht nicht mit Freiheitlichen!" Das ist eine Vorgangsweise, die undemokratisch und menschenverachtend ist.

Die Presse, 30. März 1989

Nicht die Freiheitlichen sind die Schädlinge der Demokratie. Wir sind das Schädlingsbekämpfungsmittel. Bei uns regieren die Rothäute und die Schwarzen – und nicht wie üblich, dass sie in den Reservaten leben.

Die Presse, 22. November 1989

Haider meinte, dass Österreich einen „Beutesozialismus" erlebe. Der Bundeskanzler versuche, so zu agieren, als ob er über den Dingen stünde. „Er steht aber da als Schwächling der Nation. Nicht die Qualität des Denkens, die Qualität des Ablenkens und des Zuschauens ist ihm eigen."

Der Standard, 12. Juli 1990

Nicht die braune Brut ist die Gefahr, sondern das rote Gesindel.

Der Standard , 5. Oktober 1990

Da denke ich also an den Freistaat Bayern, die also ganz gut leben, dass sie eine Sonderrolle in der Republik eingenommen haben. Und warum sollen nicht die Kärntner mit einem Freistaat Kärnten besser leben, als ein Anhängsel einer ostlastigen Bundespolitik zu sein, aus der sie nichts haben. Da kann also diese Republik Österreich mit uns verhandeln, ob wir im Wege einer Konföderation weiterhin Mitglied sein wollen, oder ob wir sozusagen stärker auf eigenen Füßen stehen, denn schlechter als jetzt kann's uns ja nicht mehr gehen."

Abendjournal und Zeit im Bild, 8. Jänner 1991

Das Chamäleon sei schon längst zum Wappentier der rotschwarzen Regierung geworden. [...] Nicht zuletzt hänge dies damit zusammen, dass sich auch diese Regierung noch immer in der Geiselhaft einiger linker Ideologen befindet, die noch immer zukunftsorientiertes Denken durch propagandistische Vergangenheitsbewältigung zu ersetzen versuchen.

Freiheitlicher Pressedienst, 13. Jänner 1991

Man kann sich bei mir darauf verlassen: Wenn ich einmal etwas gesagt habe, dann meine ich es so.

ZiB, 14. Mai 1991

Der Vranitzky müßte wirklich was für seine Fitness tun. Er kriegt ja bald seine Hosen nicht mehr zu.

Basta, 6/1991

Man übt Psychoterror auf uns aus. Ich kann dieses ganze gräßliche Nazi-Zeugs nicht mehr hören. Junge Leute werden in Firmen fertiggemacht, weil sie FPÖ-Mitglieder sind. Diese menschenverachtende Hetzjagd, die uns in den Widerstand treibt.

Basta, 6/1991

Offenbar leben wir in einem Land, wo anständige Bürger kriminalisiert werden, damit die Ganoven weiterhin ihr Unwesen treiben können.

Die Presse, 20. Juni 1991

Nach einer bisher noch nie dagewesenen Hetzjagd der rotschwarz-grünen Einheitspartei und der Medien gegen ihn, Haider, seien in seinem Büro Tausende Anrufe, Briefe, Telgramme und Telefaxe empörter und aufgebrachter Bürger eingelangt, die ihren Unmut über die übelste Schmutzkübel-Kampagne in der Geschichte des Landes Kärnten gegen einen amtierenden Landeshauptmann kundgetan hätten.

Freiheitlicher Pressedienst, 22. Juni 1991

Vom eher internen Verbandsorgan hat sich die Aula ohne staatliche Förderungsmillionen und ohne ausländische Zeitungszaren zu einem respektablen freiheitlichen Magazin gemausert, das auf seine kämpferische Art und Weise durchaus meinungsbildend wirkt. Bequem war diese Aula nie, auch nicht für die FPÖ und ihre Spitzenfunktionäre. [...] Führend war die Aula zweifellos in der Diskussion um die ethnisch-kulturelle Identität unserer Heimat. Bemerkenswert waren aber immer auch die radikalliberalen Ansätze des Blattes, wenn es darum ging, für Meinungsfreiheit und historische Wahrheit einzutreten. Themenbereiche, die auch für die freiheitliche Politik der Zukunft zentral bleiben werden.

Die Aula 9/1991

Aber offenbar ist unseren sozialistischen Staatslenkern das Bündnis und die Gemeinsamkeit mit den marxistischen Mörderbanden in Serbien noch allemal stärker verbindlich als die Menschlichkeit im übrigen Europa.

ZIB1, 12. Jänner 1992

Es gibt bestimmte Gruppen der Linken, die sich wie Peymann alles leisten können. Wer Österreich nachhaltig schädigt und brutal beschimpft, wer Steuergelder verschleudert und Kulturgut zerstört, genießt offenbar besonderen Schutz.

Die Presse, 27. Februar 1992

Die Kriminalität steige. Viele trauten sich am Abend nicht mehr wegzugehen. „Aber wenn's die Kriminellen einmal einlochen, haben sie bessere Verhältnisse mit Farbfernsehen als die Polizisten draußen, die sie bewachen."

Der Standard, 17.September 1992

Der Bundeskanzler möchte sich offenbar unter Ausschaltung des Parlaments gerne als konstitutioneller Monarch verstehen.

Freiheitlicher Pressedienst, 14. Oktober 1992

Haider erfand auch eine neue Variante für die Abkürzung ORF: „Österreichs Rücksichtslosester Falschmelder".

Neue Freie Zeitung, 13. Jänner 1993

Wenn er einmal „etwas zu reden habe", so Haider wörtlich, werde er schon dafür sorgen, dass in den Redaktionen „in Zukunft weniger gelogen" und über Ereignisse wie das Volksbegehren mehr „Wahrheit" transportiert werde.

Kurier 27. Jänner 1993

Im Bereich der für die Bürger der gefährlichste ist, nämlich bei den Kapitalverbrechen, dem Drogen- und Bandenunwesen, herrscht seltsame Milde vor. Die Strafen und ihr Vollzug wirken weder genügend abschreckend noch sichern sie den Schutz der Bürger vor Wiederholungstätern. Die beiden spektakulären Mordfälle Otto Haas und Jack Unterweger sind nur zwei Beispiele. In beiden Fällen handelte es sich um eindeutig abnorme, bestialische Mörder. In beiden Fällen wurden, trotz auf lebenslang lautender Urteile, die Täter noch in jungen Jahren wieder auf freien Fuß gesetzt. Beide wurden von regierungsnahen Kreisen noch gefördert, hochstilisiert, geradezu salonfähig gemacht, wodurch letztlich noch der Eindruck entstand, sie seien eigentlich Opfer und nicht Täter.

Aus Haider: Die Freiheit, die ich meine, S. IV

Die Freiheitsgefährdung durch geistige Uniformität und ideologische Unterwerfung sollte nicht unterschätzt werden. Betrachten wir den Fall des Burgtheaterdirektors Peymann, der aus seiner Sympathie für die Mörderbande der RAF nie ein Hehl gemacht hat und als erklärter Linker ein durchaus autoritäres Selbstverständnis von der angeblichen Freiheit der Kunst an den Tag legt. Das geht so weit, dass er lieber für ein Theater ohne Publikum arbeitet als die Wünsche seines Publikums auch nur zur Kenntnis zu nehmen. Widerspruch wird als provinziell diffamiert. Das steigende Defizit und die finanziellen Pleiten der Kulturideologen freilich tragen alle Steuerzahler. Der Grundsatz „Wer zahlt, schafft an" gilt da nicht. Kulturpolitik ist offenbar Gesellschaftspolitik und muss ganz im Stil der DDR als Waffe gegen Andersdenkende eingesetzt werden. Die Clique um den österreichischen Kultusminister bildet den Generalstab im Kulturkampf. Die bürgerlichen Feiglinge in Regierung und öffentlichen Institutionen räsonieren hinter vorgehaltener Hand. Thomas Bernhard zeichnet diese Situation in Heldenplatz treffend.

Aus Haider: Die Freiheit, die ich meine, S. 52

Die Linke will eine andere Gesellschaft, will ein neues Volk, weil sie ihr eigenes Volk nicht leiden kann. Sie schwärmt von einem multikulturellen Europa, will durch Zuwanderung neue Mehrheiten im Volk erzwingen, betreibt durch Geschichtsfälschung gezielte Verhetzung der Jugend in den Schulen und schürt den Klassenkampf zwischen Klerus und Laien in der Kirche, um dem Volk den Anker des Glaubens und der moralischen Orientierung zu nehmen. Destabilisieren, auflösen, entwerten und ausgrenzen lautet die Devise. Mit nahezu militanter Konsequenz wird der Vollzug ideologischer Maximen sichergestellt. Dabei steht natürlich der Populist im Wege.

Aus Haider: Die Freiheit, die ich meine, S. 54

Der sozialistischen Moralität folgen hieße einen großen Teil der Menschenheit vernichten und den Rest in Verarmung stürzen. Mit ihrem Kulturkampf haben die Konkursverwalter des Sozialismus ein Instrument der Machtsicherung gefunden und nach ihrem ideologischen Bankrott mit Eroberung der Bildungs- und Informationseinrichtungen eine geradezu meisterliche Raffinesse bei der Strategie der Machterhaltung an den Tag gelegt.

Aus Haider: Die Freiheit, die ich meine, S. 56

Zumindest bleibt es nicht verborgen, dass im österreichischen Staatsrundfunk nicht nur zahllose sozialistische Parteigänger und Lohnschreiber untergebracht sind, sondern auch solche Personen an Einflug gewinnen, die direkt aus der kommunistischen Bewegung oder aus Schulungskursen in Moskau kommend, in diesem Medium ans Werk gehen.

Aus Haider: Die Freiheit, die ich meine, S. 59

Die Herrschaft der Partei- und Ministersekretäre im Staatsrundfunk ist sprichwörtlich. Sie garantiert den täglichen Verfassungsbruch des Grundrechts der Presse- und Meinungsfreiheit.

Aus Haider: Die Freiheit, die ich meine, S. 62

Je erfolgreicher die FPÖ ist, je mehr sie das jahrzehntelang festgefügte System von Parteienmacht und Funktionärsherrschaft demaskiert, desto lauter bläst die mediale Jagdgesellschaft zum Halali. Was man im demokratischen Wettbewerb nicht schafft, versucht man umso eifriger über die Redaktionsstuben zu erreichen.

Aus Haider: Die Freiheit, die ich meine, S. 70

Eigentlich ist es politisch-moralischer Landesverrat, wenn man wider besseres Wissen und Gewissen aus Angst vor den politischen Herausforderern den Ruf des eigenen Landes im Ausland gefährdet.

Aus Haider: Die Freiheit, die ich meine, S. 135

Wenn der Nationalstaat überhaupt eine Zukunft haben soll, dann brauchen wir eine Dritte Republik, auch als Kraft gegen die Macht der multinationalen Konzerne und der in ihrem Dienst agierenden supranationalen Bürokratien.
Ich dafür, am Nationalstaat festzuhalten und ihm eine neue Zukunft zu geben. Ich bin daher für mehr Gesinnung in Rot-Weiß-Rot und für weniger blauäugige Euphorie, was die Position Österreichs in supranationalen Bündnissen anlangt.
Die österreichische Eigenstaatlichkeit siecht dahin, und gleichzeitig wird eine kompetenzentleerte Marionettenregierung am Leben erhalten. Das sind keine Zukunftsaussichten für ein selbstbewusstes Land. In der Dritten Republik muss

eine zeitgemäße Antwort für die Zukunft Österreichs gefunden werden."

Aus Haider: Die Freiheit, die ich meine, S. 148

Angesichts dieser Zustände und der Uneinsichtigkeit der Funktionäre wächst der Frust der Bürger, der auch für die Demokratie schädlich ist. Wohin man blickt, gerät das System aus den Fugen, ist Diebstahl von öffentlichen Geldern an der Tagesordnung.

Aus Haider: Die Freiheit, die ich meine, S. 163

Überwindung des Klassenstaates: Das hypertrophe Sozialsystem bewirkt, dass die Schwachen benachteiligt sind und die Starken sich Vorteile verschaffen. Das Gesundheitssystem ist dafür ein trauriges Beispiel. Die Zustände in den österreichischen Krankenanstalten sind für den kleinen Mann untragbar. Sichtbarer Ausdruck der Klassenmedizin: Der Herr Professor beziehungsweise der Chefarzt operiert und betreut natürlich in der Regel nur die Patienten der Sonderklasse persönlich. Die kleinen Leute sehen vielfach den Chefarzt nicht einmal bei der Visite. Chronischer Schwesternmangel führt dazu, dass ärmere Patienten wochenlang auf ihre lebensrettende Operation warten müssen, weil auf der Intensivstation kein Personal vorhanden ist. Der Wohlhabende läßt sich in der Sonderklasse betreuen oder weicht in eines der zahlreichen privaten Sanatorien aus. Der Sozialismus wollte die Klassengesellschaft beseitigen und hat die Klassenherrschaft ermöglicht.

Aus Haider: Die Freiheit, die ich meine, S. 170

Es könnte nichts schaden, wenn weniger weltfremde Politologen und Soziologen produziert und dafür ein Bildungssystem eingerichtet würde, in dem jeder Jugendliche grundsätzlich einen handwerklichen Beruf erlernt, unabhängig davon, wohin er sich anschließend beruflich entwickelt.

Aus Haider: Die Freiheit, die ich meine, S. 179

Der Skandal in unserem System ist: Die Faulen, die Nichtstuer, die Sozialschmarotzer und Tagträumer sind sich der fürsorglichen Hand des Sozialstaates sicher, während der bildungswillige Aufsteiger, für den persönliche Leistung im Vordergrund steht, das Nachsehen hat. Dies hängt natürlich damit zusammen, dass von der Regierung abwärts bis in die Ämter die Repräsentanten der Mittelmäßigkeit das Sagen haben, wenig Nachdenken in die Situation der Aufsteiger und Bildungseliten investiert, sondern mehr über Aussteiger und soziale Randgruppen philosophiert wird.

Aus Haider: Die Freiheit, die ich meine, S. 181

Dieses Land wird in vielen Bereichen von einer moralisch ungenierten autoritären Pseudo-Elite beherrscht. Das geistige Klima im Land ist von Intoleranz und Konfliktscheu geprägt, wie es der Kleingeisterei der herrschenden Mittelmäßigkeit entspricht. Eine genormte Gesellschaft ist das Ziel, die Gleichschaltung der veröffentlichten Meinung ist dazu unentbehrlich. Neu-denk und Neu-sprech, wie sie Orwell in 1984 visionär auf uns zukommen sah, sind Realität geworden.

Aus Haider: Die Freiheit, die ich meine, S. 198

Die Altparteien brauchen die Große Koalition, weil nur durch diese krankhafte Umklammerung die Millionen und Abermillionen Schilling aus den Abhängigen herausgeholt werden können, um Parteiapparate und Parteisoldaten zu mästen. Die Altparteien brauchen den Staatsrundfunk, um durch Angst, Verunsicherungs- und Verleumdungspropaganda Loyalitätsverluste unter den eigenen Anhängern in Grenzen zu halten.

Aus Haider: Die Freiheit, die ich meine, S. 201

Der linke Kulturtotalitarismus beherrscht im Bündnis von Kulturminister, Bundestheatern und staatlichem Monopolrundfunk das sogenannte Geistesleben. Wer nicht mit den

Wölfen heult, ist chancenlos als Schauspieler, Maler oder Literat. Künstler, die sich nicht in den vom Antikulturmessianismus lizenzierten gesellschaftlichen Kreisen bewegen, die mit Kritikern der österreichischen Zustände Umgang pflegen, stehen unter Rechtfertigungszwang. jene, die die künstlerische Freiheit einfordern und exzessiv ausleben, sind nicht einmal bereit, die Meinungsfreiheit zu respektieren. [...] Wie mit einer Dampfwalze wird jeder Widerspruch niedergemacht. Verletzung sittlich-moralischer Anschauungen, Brutalität und Gewaltverherrlichung, gepaart mit einer abgrundtiefen Mißachtung des Menschlichen, sind die „Normen", auf die „Kunstschaffende" verpflichtet werden. Feigheit, Ignoranz und Geistlosigkeit der Repräsentanten sogenannter gesellschaftlicher Eliten züchten eine primitive Beifallsgesellschaft, die im Bewusstsein, dass eigenes Urteil gesellschaftliche Verurteilung bedeuten könnte, in die avantgardistische Meinungs- und Standpunktlosigkeit abgleiten. Anything goes. Nur die Kritik an diesem Kulturzerfall ist tabuisiert.

Aus Haider: Die Freiheit, die ich meine, S. 226 f

Jedenfalls ist das Leben im österreichischen Kulturfaschismus bedrückend und besorgniserregend. Der Kultur fehlt die Kultur.

Aus Haider: Die Freiheit, die ich meine, S. 228 f

Ohne werteverteidigenden Kulturkampf ist eine Überwindung des linken Kulturfaschismus nicht möglich. Bürgerliche Feigheit und Borniertheit haben diesen Kampf bisher sabotiert.

Aus Haider: Die Freiheit, die ich meine, S. 230

Wir haben eine rechtsfaschistoide Regierung im Amt, die der Bundespräsident absetzen müßte.

Der Standard, 1. Februar 1993

Das ist eine Einparteienherrschaft *[ÖVP Niederösterreich]*. Wer da nicht spurt, kommt in den Archipel Gulag. [...] Österreich ist ja in Wirklichkeit keine funktionierende Demokratie, es ist eine autoritäre Entwicklungsdemokratie unter der Vorherrschaft von Lizenzparteien, die von den Besatzungsmächten zugelassen, aber nie von der Bevölkerung gegründet wurden. [...] Gewählt worden durch ein System, das durch Stimmenkauf und Abhängigkeit bestimmt ist. [...] Das wäre die beste Empfehlung für die Nationalratswahl. In Wirklichkeit erleben wir in Österreich die Wiedergeburt eines Austrofaschismus. [...] Wer in der Demokratie ausgrenzt, ist im Prinzip ein Faschist, weil er sich mit normalen demokratischen Methoden nicht zur Wehr setzen kann. Er hat keine Argumente, also setzt er seine Macht und die gesellschaftliche Ächtung ein, um sich die Leute gefügig zu machen. Im Austrofaschismus sind die Menschen vom politischen System total kontrolliert gewesen, am Arbeitsplatz, am Sonntag beim Kirchgang. [...] Vranitzky war eigentlich der erste Austrofaschist im Nadelstreif. [...] Der ÖVP-Obmann wird sowieso nach der nächsten Nationalratswahl zur Disposition gestellt werden. Er ist jetzt fast zwei Jahre im Amt, und die ÖVP ist unter das Niveau gerutscht, das sie unter Josef Riegler hatte. Die ÖVP ist eine Schrumpforganisation. Und Busek ist ein Schrumpfaustriake.

Basta 3/1993

Bei den Demonstrationen gegen Krenn habe Haider immer die gleichen Akteure gesehen, die „quer durch Österreich agieren". Es handle sich da um eine „politisch pragmatisierte Jagdgesellschaft".

Kleine Zeitung, 23. Juni 1993

Zum Liberalen Forum meinte Haider, die heutigen Positionen von Parteichefin Heide Schmidt seien ein Beleg dafür, dass diese während ihrer FPÖ-Zugehörigkeit „politische Prostitution“ betrieben habe.

Kleine Zeitung, 3. Oktober 1993

Das Bodengewölbe der Macht in Österreich ist letztlich auf dem krummen Rücken vieler Österreicher erreicht worden, denen bis zum heutigen Tag durch Parteibuchdiktat, durch Machtpolitik, durch zu viel Einflußnahme der Parteien in das private Leben der Menschen der Rücken gekrümmt wurde. Das ist es, was wir überwinden müssen und wo wir Freiheitlichen dafür einstehen wollen, eine Entwicklung einzuleiten, die diese geistige Besatzungsmacht zurückdrängt und das Prinzip der politischen Apartheid in Österreich der Vergangenheit angehören läßt.

Jörg Haider, Erklärung des Bundesparteiobmannes anläßlich des Staatsfeiertages am 26. 10. 1993[8]

Obwohl wir diese Befreiung von den Befreiern gefeiert haben, ist uns doch etwas von diesen Befreiern geblieben. Wir sind nämlich im Geistigen vielfach noch in der Tradition jener Phase von 1945 bis 1955 verblieben, die wir eigentlich überwinden wollten. Die geistige Besatzungsmacht ist noch nicht ganz abgezogen, jene geistige Besatzungsmacht, die sich durch Intoleranz, Ausgrenzungsdenken, Machtbedürfnis und Machtbesessenheit der sogenannten Lizenzparteien von 1945 äußert.

Jörg Haider, Erklärung des Bundesparteiobmannes anläßlich des Staatsfeiertages am 26. Oktober 1993[9]

---

[8] Lothar Höbelt, Andreas Mölzer, Brigitte Sob (Hg.), Für Freiheit und Verantwortung. Jahrbuch für politische Erneuerung 1994, S. 171

[9] ebenda, S 171

Wer sind denn heute die Vorbilder in der österreichischen Gesellschaft? André Heller, Udo Jürgens, Elfriede Jelinek, Jazz Gitti – sie alle sind also die Vorbilder des neuen Österreich! Sie rangieren in den, Zeitgeistmagazinen an erster Stelle, sie seien es, die dieses, Österreich prägen. Ich bedanke mich dafür, dass Wehrdienstverweigerer, Steuerflüchtlinge und Österreichbeschimpfer unsere Vorbilder sind, dass aber die tüchtigen und fleißigen Leute, die aus diesem Österreich nach dem Krieg etwas gemacht haben, nicht zu Ehren kommen.

Erklärung des Bundesparteiobmannes anläßlich des Staatsfeiertages am 26. Oktober 1993[10]

Politische Erneuerung bedeute für die FPÖ, die Herrschaft der Sozialschmarotzer und Funktionäre zu brechen.

Freiheitlicher Pressedienst, 28. Oktober 1993

Dieses verfilzte politische System sei längst sturmreif, schloß Haider.

Freiheitlicher Pressedienst, 28. Oktober 1993

...dass er weiterhin alles daran setzen werde, um Österreich vom Schutt der Altparteien zu befreien, und es nicht zulassen werde, dass die Bürger in der Demokratie weiter unfrei sein müßten.

APA, 9. Jänner 1994

Dabei kündigte Haider an, Österreich „vom Schutt der Altparteien“ zu befreien, „von oben nach unten politisch zu säubern“ und eine Dritte Republik durch Reformation schaffen zu wollen. Dafür sei es erforderlich, das Monopol der organisierten Kräfte in Österreich zu brechen. Während in Osteuropa der Sozialismus gestorben sei und sich in Westeuropa überholt habe, scheine er in Österreich „pragmatisiert“ zu sein.

Der Standard, 10. Jänner 1994

---

10 ebenda, S. 175 f.

Insgesamt sei aus diesen Anfragebeantwortungen hervorgegangen, dass die Regierung als ganzes sehr reisefreudig sei. „Das ist ein rot-schwarzes Reisebüro, welches irgendjemanden in der Weltgeschichte herumschickt, ohne klare Aufträge und Zielsetzung dabei zu verfolgen“, so Haider wörtlich.

Freiheitlicher Pressedienst, 8. Februar 1994

„Als besonders Schmankerl“ erwähnte Haider auch sogenannte Kleinreisen, die von Regierungsmitgliedern in Österreich gemacht würden. So habe Minister Schüssel zu einem EU-Arbeitsgespräch in Lech am Arlberg eingeladen (28.1. – 30.1.1994).

Freiheitlicher Pressedienst, 8. Februar 1994

Der FPÖ-Obmann sprach von einigen journalistischen roten Partisanen im ORF-Untergrund“, wie etwa ein Herr Broukal oder auch ein Herr Brandstätter, die keine Gelegenheit ausließen, gegen die FPÖ zu manipulieren oder sie überhaupt zu verschweigen.

Freiheitlicher Pressedienst, 16. Februar 1994

Das ist für mich erledigt. Ich bin gewohnt, mit Ehrenmännern umzugehen, Ich habe mein ganzes Leben noch nie eine Unterschrift zurückziehen müssen, ich habe noch nie ein Wort gebrochen, und mir gegenüber wird seit dem Jahre 1991 ständig das Wort gebrochen, wenn man etwas vereinbart. Und das mache ich also in der Form sicherlich nicht mehr mit.

ORF *Inlandsreport, 21. April 1994*

...rote und schwarze Filzläuse, die mit Blausäure bekämpft werden sollten...
profil, 25. April 1994

Und es ist einfach eine Schädigung des Ansehens Kärntens, wenn, an der Spitze in der Zukunft ein Mann steht, der in der

Öffentlichkeit ein Lügner genannt werden darf, und der in der Öffentlichkeit ein Mann genannt werden darf, der keine Ehre hat, weil er Verträge bricht.

Zeit im Bild 2, 25. April 1994

Das bedeutet, dass wir in ein neues Biedermeier gehen, wo die Menschen nicht mehr ihre Meinung frei sagen dürfen und wo nur noch hinter vorgehaltener Hand die Wahrheit gesagt werden darf bzw. jeder bestraft wird, der nicht das sagt, was die Regierung gerne hören will.

Freiheitlicher Pressedienst, 26. Mai 1994

Die Regierung betreibe nicht Information, sondern politische Gehirnwäsche an Menschen, die selbst zu denken in der Lage seien.

Freiheitlicher Pressedienst, 30. Mai 1994

Vranitzky ist ein Bilderberger – ich weiß, dass die Freimaurer da vieles anschaffen.

Kurier, 4. Juni 1994

Kunst soll frei sein, aber niemals mit Verschwendung verbunden sein. Die Freiheit der Kunst findet ihre Grenzen beim Beginn der Menschenverachtung.

Freiheitlicher Pressedienst, 10. August 1994

Wir werden den Weg zum Bürgerrechtsstaat nicht schaffen, wenn wir den Parteienstaat nicht überwinden. Die repräsentative Demokratie ist überholt.

Der Standard, 31. August 1994

Es gibt auch ein anderes Österreich, jenes, das nicht das der Nieten und Nehmer, der steuerflüchtigen Subventionshaie wie Heller, Jelinek & Co. ist, jenes, in dem sich die anständigen Österreicher finden, die diesem Land dienen und nicht von ihm nehmen, die nicht als Steuerflüchtige in Monte Carlo oder sonstwo sitzen, und die Steuersubventionen aus der Heimat ungeniert einstecken.

Freiheitlicher Pressedienst, 5. September 1994, Folge 1587, 41. Jahrgang

Totalitarismus, freiheitsfeindliche Bedrohung der Autonomie und autoritäre Unterdrückung freier Meinung braucht nicht mehr staatliches Gewaltmonopol, Geheimdienste, Gesinnungspolizisten und Vernichtungslager wie Archipel Gulag. Die Methoden sind andere, feinere geworden. Die Bedrohung der Freiheit der Bürger ist somit weniger offenkundig, jedoch wesentlich wirksamer. Die Gefahr auch für unsere Demokratie liegt heute in der Herstellung einer uniformierten Gesellschaft, in der die politisch vorgegebene Einheitsmeinung Gültigkeit hat. Ist es nicht so? Wer den Zugriff auf die Massenmedien hat, erringt oder befestigt seine Macht.

Österreich-Erklärung zur Nationalratswahl 1994[11]

Mit Milliardenaufwand werden Arbeitsmarktförderungsprogramme betrieben. Der durchschnittliche Betrieb hat davon gar nichts. Aber nahezu 100 Millionen werden für obskure Ausländervereine ausgegeben, und Millionen für eine Künstleragentur des ÖGB gezahlt, die, statt Arbeitsplätze zu schaffen, Prostituierte an Nachtlokale vermittelt hat.

Freiheitlicher Pressedienst, 5. September 1994

Und dieses Österreich ist es wert, vertreten und verteidigt zu werden. Es ist das Österreich, mit dem Wohlstand, Ordnung und soziale Sicherheit verbunden ist. Es ist das Österreich des Bauarbeiters, der bei jeder Witterung die Arbeit anpackt, viel Steuern für geleistete Überstunden bezahlt und als Wochen-

[11] Lothar Höbelt, Andreas Mölzer, Brigitte Sob (Hg.), Für Freiheit und Verantwortung. Jahrbuch für politische Erneuerung 1995, S. 337

pendler getrennt von seiner Familie leben muss. Es ist das Österreich, wo Frauen die Doppelbelastung von Beruf und Familie auf sich nehmen müssen, um sich eine Wohnung leisten zu können. Es ist das Österreich der fleißigen Gewerbetreibenden, die im Krisenfall lieber das eigene Wohnhaus verkaufen, als die Schmach eines Konkurses in Kauf nehmen zu müssen. Es ist das Österreich der tüchtigen Mitarbeiter im Tourismus, die wochenlang rund um die Uhr für zufriedene Gäste sorgen. Und es ist das Österreich des pflichtbewussten Familienerhalters, der jahrelang keinen Urlaub macht, um für seine Familie ein schmuckes Einfamilienhaus zu bauen. Die Beispiele ließen sich noch lang fortsetzen. Dem steht ein Österreich gegenüber, in dem parasitäre Elemente erfolgreich das System ausbeuten. Denken wir an die vielen weißen Elefanten im ORF, die fürs Nichtstun 90.000 Schilling und mehr im Monat abkassieren. Denken wir daran, dass ein versagender AMAG-Generaldirektor zu seinem Gehalt von 3,2 Millionen Schilling auch noch einen zinsenlosen Kredit von drei Millionen in Anspruch nimmt, während Tausende seiner Mitarbeiter um ihre Existenz gebracht werden. Denken wir daran, dass ein Parlamentspräsident glaubt, zu seinem Gehalt von 2,5 Millionen auch noch ein arbeitsloses Einkommen als Beamter kassieren zu müssen. Übersehen wir auch nicht, dass für eine karitative Organisation, die mit Hilfe der Gattin des österreichischen Bundeskanzlers jährlich 1 bis 2 Millionen Spendengelder einnimmt, die Kanzlertochter zu einem Jahresgehalt von rund 900.000 Schilling mit BMW-Dienstwagen eingestellt wird. Vieles ist da nicht in Ordnung. Das ist kein funktionierender Sozialstaat, sondern ein sozialistischer Funktionärsstaat, in dem Anständigkeit mit dem Staatsanwalt durchgesetzt werden muss und in dem nur jene weiterkommen, die es sich richten oder sich anpassen.

Freiheitlicher Pressedienst, 5. September 1994

In der Tat, Grüne und linkes Forum sind so eine Art „fünfte Kolonne“ der SPÖ, um gegebenenfalls eine Regierungsmehrheit zu liefern. Es ist geradezu peinlich, wie sie sich bemühen, den Altparteien ihre Regierungsfähigkeit durch Anpassung und Wohlverhalten unter Beweis zu stellen.

Freiheitlicher Pressedienst, 5. September 1994

(Einige kritische Zwischenrufe) Die, die da hinten schreien, werden – wenn ich etwas zu sagen habe – ihre Luft noch brauchen. Zum Arbeiten.

Der Standard, 5. Oktober 1994

Die sind nicht mehr zurechnungsfähig, diese Regierungsmitglieder.

ZiB 1, 1. Dezember 1994

So einfach wird es nicht mehr sein, uns mit Lichterketten niederzunageln.

ORF-Mittagjournal, 7. Dezember 1994

Haider: Dass jetzt auch das Burgenland von jenen Aktivitäten erfaßt wird, die Kärnten in den siebziger Jahren erdulden musste: wo eine Serie von Sprengstoffanschlägen inszeniert wurde, um das Zusammenleben von Mehrheit und Minderheit negativ zu gestalten. Nachdem sich dort herausgestellt hat, dass das Aktivitäten des jugoslawischen Geheimdienstes gewesen sind, kann ich mir durchaus vorstellen, dass man jetzt im Burgenland einen Ansatz zur Destabilisierung sucht, weil es auch hier ungelöste Probleme zwischen Mehrheit und Minderheit gibt.
profil: *Haben Sie für diese kühne Hypothese auch nur ein einziges Indiz?*
Haider: Ich glaube, dass hier ein größeres Zusammenspiel eines Netzwerks aus altkommunistischen Staaten mit der Neonazi-Szene in Kooperation sein könnte. Denn ehemalige Ge-

heimdienst-Mitarbeiter und Gruppierungen haben kein Interesse an stabilen Verhältnissen in demokratischen Staaten.

zur Briefbombenserie, profil, 13. Februar 1995

Trotz aller Diffamierungsversuche würden sich die F nicht „in ihrem politischen Weg und ihrer Überzeugung korrigieren", führte der F-Obmann weiter aus. Von Seiten der politischen Linken gebe es einen „Tugendterror", der ebenso gefährlich wie anderer Terror sei. Dieser führe dazu, „dass die freie Rede in diesem Land zu einem halsbrecherischen Risiko" werde. Er sehe ebenso die Gefahr einer „gewaltsamen Destabilisierung" wie jene einer „manipulativen Destabilisierung", so Haider.

APA 7. März 1995

Vieles erinnert an die Methoden der mittelalterlichen Lehensherren und läßt jeden chancenlos, der im öffentlichen Bereich nicht das Knie vor dem Proporzstaat beugt. Die stille Revolution, die sich seit einigen Jahren durch die Abkehr von diesem rot-schwarzen Lehenssystem in Österreich vollzieht, hat Unduldsamkeit bei den Machtapparaten hervorgerufen. Wer nicht für sie und damit ihren Machtanspruch ist, ist ein Feind der Demokratie, suggerieren sie. [...]
Wenn man diejenigen, die heute am skrupellosesten die Diffamierung der Freiheitlichen betreiben, gewähren läßt, dann werden sie freiheitlich-demokratische Opposition verbieten. Und wer kommt dann an die Reihe? Die Konservativen in der ÖVP, die schon in den siebziger Jahren, als die Freiheitlichen noch kein „Störfaktor" waren, von radikalen Vorfeldern wie Neugebauers Dokumentationsarchiv als rechtsextrem diffamiert wurden? Und dann? Diejenigen, die es in der SPÖ noch wagen könnten, für eine Einwanderungskontrolle oder gegen den Arbeiterkammerzwang einzutreten?
„Wehret den Anfängen" hat für jede Art des Totalitarismus zu gelten. Hellhörigkeit ist geboten auch bei kleinen Dingen. Vorsicht ist geboten, wenn humanitäre, ökologische und de-

mokratische Tugenden allzu laut und fadenscheinig propagiert werden. Nur allzu leicht wird Tugend dekretiert, um das Denken zu verbieten.

Grundsatzerklärung anläßlich der Attentate von Oberwart und Stinatz am 8. März 1995

Jede Aufdeckung von rechtsextremistischen Umtrieben und Gefahren im Zuge der Ermittlungen ist uns Freiheitlichen nur recht. Aber das Gefühl ist beklemmend, dass man wegen einer diesbezüglichen Beschränkung der Ermittlungen nicht fündig werden könnte.

Jörg Haider, Grundsatzerklärung, 8. März 1995

Und ich glaube, dass es auch gut ist, wenn Österreich diese Nachkriegsphase überwindet und als letzter Ostblockstaat sich anschickt, eine moderne westliche Demokratie zu werden.

ORF-Report, 21. März 1995

...sondern das ist die nackte parteipolitische Propaganda gegen eine erfolgreiche Oppositionsgruppe, wie sie Goebbels nicht hätte besser machen können.
Ich habe den Bombenterror und den Tugendterror nicht auf eine Ebene gestellt, aber ich habe den Tugendterror, der auch geistig in Österreich existiert, kritisiert. Da gibt es Leute, die glauben als Exponenten eines linken, altmarxistischen Denkens können sie das Bewusstsein der Menschen manipulieren, bestimmen und die Denkkategorien vorgeben.

Furche, 23. März 1995

Heute ist der Minister die entscheidende Schlüsselstelle, die sozusagen einen Kulturbetrieb managt, der nach stalinistischem Modell mit einer Reihe von Subalternen in ganz Österreich organisiert ist, der letztlich den Kunstschaffenden unter politische Zwänge setzt.

Die Furche, 23. März 1995

„Einem g'hört eine g'sunde Watsch'n." Man müsse darauf achten, „auch die linke, menschenverachtende Gesinnung und den linken Völkermord in der ganzen Welt unter Bann zu stellen."

Der Standard, 2. Mai 1995

Der Aula-Herausgeber Herwig Nachtmann wurde wegen NS-Unbelehrbarkeit verurteilt. Trifft Sie das?
Die Aula gehört zu keiner F-Vorfeldorganisation, also haben wir damit nichts zu tun.
Sie ist doch ein Presseorgan des Freiheitlichen Akademikerverbandes?
Auch der will mit uns nichts zu tun haben!

News, 17. August 1995

Je schwächer die Linken in unserem Land werden, umso radikaler werden sie, umso brutaler versuchen sie die Einflußnahme auf den staatlichen Rundfunk, die Beeinflussung von einzelnen Medien, gibt es politischen Druck auf Träger der Rechtsstaatlichkeit, auf Staatsanwälte oder richterliche Funktionäre.

Die Presse, 18. Oktober 1995

Die Briefbomben explodierten just zu Beginn des Wahlkampfes, weshalb F-Chef Jörg Haider wieder einmal einen ganz anderen Zusammenhang herstellte, obwohl dieser die Absicht dazu bestreitet. Bomben gebe es immer dann, wenn die Linken in Turbulenzen seien oder Wahlen vor der Tür stehen würden, sagt Haider, doch im selben Atemzug meint er: „Mir fällt das nur auf, ich habe keinen Zusammenhang hergestellt." Und im Nachsatz: „Das muss ja keine Auftragsarbeit der SPÖ, der Koalition und der Linken sein. Es gibt Leute, die die demokratische Entwicklung, im Land im Wege von Bombenattentaten stoppen wollen."

Der Standard, 18. Oktober 1995

Die Dritte Republik wird sich evolutionär aus der Zweiten Republik entwickeln, da man einfach sehen muss, dass die jetzigen Zustände im Lande gerade aus verfassungsrechtlicher Sicht nicht mehr verantwortbar sind. Die Oligarchie der etablierten Parteien hat längst abgewirtschaftet, und durch Einheitspartei, Einheitskammern, Einheitsmedien gibt es die Gefahr eines neuen Absolutismus in Österreich. So wie unsere politischen Vorfahren vor 150 Jahren gegen den Absolutismus Metternichs zu Felde gezogen sind, so müssen wir heute der roten Machtkonzentration die Stirn bieten.

Junge Freiheit, 20. Oktober 1995

Teilweise erinnert der ORF an das rumänische TV in den besten Zeiten.

Freiheitlicher Pressedienst, 23. April 1996

Jetzt ist der Mascherlträger eigentlich zu einem Rezessionspropeller geworden für Arbeitslosigkeit, Steuererfindung, für Schulden, die er mitverteidigen muss.

Morgenjournal, 22. Juni 1996

Österreich wird von einer Diktatur der Dilettanten regiert. Die ÖVP hat den Rosenkranz in der Tasche und Sozialismus im Hirn.

Freiheitlicher Pressedienst, 9. November 1996

Ich neide niemandem all diese schönen Privilegien, wenn sie am freien Markt erreicht werden. Hohe Gehälter gibt es überall auf der Welt für Verantwortliche in Positionen, die einem Unternehmen den entsprechenden Gewinn bringen und Arbeitsplätze für Tausende garantieren. Aber sie sind schlicht und einfach nicht mehr zeitgemäß für Schmarotzer in einem staatlichen Selbstbedienungsladen. Sie waren das auch nie. Ein politisches und ökonomisches System, das risikolosen Privilegienträgem ein Paradies ermöglicht, welches von privilegienlosen Risikoträgem finanziert werden muss, ist aus den Fugen geraten. Wir haben die Chance, es zu ändern und Waffengleichheit mit den Leistungsträgem herzustellen. Glasnost und Perestrojka sind auch in Österreich notwendig. Lassen wir die Dinge jedoch treiben und verschlafen wir den Aufbruch in eine neue, spannende Zeit mit großen Möglichkeiten, dann wird sich die Zeit gegen uns wenden. Es sind die mächtigen Leute der Sowjetunion an der Realitätsverweigerung gescheitert, es ist die ehemalige DDR-Führung an ihrer Korruption und menschenverachtenden Mißwirtschaft gescheitert, und auch manche afrikanische Stammesfürsten haben schon bessere Zeiten erlebt und können nicht mehr mit den aus Entwicklungshilfegeldern gezahlten goldenen Rolls-Royces oder Privatjets prahlen. Auch bei uns ist die Zeit der goldenen Rolls-Royces für Funktionäre vorbei. „Mit uns zieht eine neue Zeit", heißt es in einem sozialistischen Arbeiterlied. Dem revolutionären, idealistischen Aufbruch von einst ist bange Lähmung in der Angst um Posten, Pfründe und Vorteile gewichen. Die neue Zeit jedenfalls wird nicht warten. Und wer zu spät kommt, den bestraft bekanntlich die Geschichte!

Aus Haider: Befreite Zukunft jenseits von links und rechts, S. 5

Die Regierung ist Eigentümer der Geisterbahn und sucht ihr Heil nun in der Politik der schnellen Geldbeschaffung. Am System freilich ändert das wenig. Der Wasserkopf wird immer größer. Das geht aus einer parlamentarischen Anfragebeantwortung an mich hervor, die belegt, dass in den Ministerien Parkinson sein Unwesen treibt und auch nach der Methode „Hinter mir die Sintflut" rasch noch Gruppen, neue Abteilungen sowie Sektionen geschaffen werden.

Aus Haider: Befreite Zukunft jenseits von links und rechts, S. 164

Dieser Sozialismus, der einen staatskapitalistischen Unterbau hat, wird von der Volkspartei mitgetragen, von den Experimenten in der Bildungspolitik bis zu den Privilegien der Funktionäre. Manchmal ist dieser Herz-Jesu-Sozialismus doktrinärer als sein Original. Das Ergebnis sehen wir heute. Schulbücher für alle, ob arm oder reich; Sozialhilfe auch für Arbeitsverweigerer; Gratisstudium für Bummelstudenten; bescheidene Stipendien für Arbeiterkinder und Höchststipendien für Studenten aus vermögenden Familien, die Bilanzen gestalten können; Arbeitslosengehalt für Hoteliergattinnen, Kur- und Krankenstände für Tachinierer und Frühpension für Scheinkranke.

Aus Haider: Befreite Zukunft jenseits von links und rechts, S. 225

Sie wollen den Kanzler abschaffen?
Der ist durchaus entbehrlich.

Täglich Alles, 20. April 1997

„Scharfe Kritik an „Schicki-Micki-Gesellschaft“ im Zusammenhang mit den jüngst bekannt gewordenen Suchtgiftskandalen. „Im ORF, in den Redaktionsstuben und in der Bürokratie wimmelt es von Suchtgiftkonsumenten.“

Freiheitlicher Pressedienst, 1. Mai 1997

Die Führung dieses Landes ist verrottet, korrupt und geldgierig. Wir machen Frühjahrsputz in diesem Land.

Kleine Zeitung, 12. Jänner1998

Wer nicht arbeitet, wird sich wieder ans Arbeiten gewöhnen müssen. Weiters ist dieses System auch ein Signal an die Jugend [...] und an alle Sozialschmarotzer, die wenn man sagen muss: „Der Fasching ist aus und jetzt wird wieder in die Hände gespuckt.“

Freiheitlicher Pressedienst, 29. Oktober 1998

Hohes Haus! Meine Damen und Herren! In Anbetracht der Diskussion zwischen den Regierungsparteien kann man sich wirklich nur die Frage stellen, warum jetzt plötzlich sowohl ÖVP als auch SPÖ alle möglichen neuen Ideen für die Familien erfinden, waren es doch diese beiden Parteien, die noch vor kurzem den Bezug des Karenzgeldes eingeschränkt haben, nämlich von zwei Jahren auf eineinhalb Jahre. Und diese beiden Parteien haben – und das über zehn Jahre lang! – durch eine verfassungswidrige Regelung den Familien mehr als 100 Milliarden Schilling an Geld gestohlen, und das im wahrsten Sinne des Wortes!

Nationalrat, XX. GP – 16. Dezember 1998 – 154. Sitzung

In Wirklichkeit wollen die doch nur repräsentieren und nichts arbeiten.

Über die Landeshauptmannkollegen, OÖN, 19. Juli 1999

Junge Freiheit: *Ist es nicht so, dass da häufig österreichische Journalisten, die als Auslandskorrespondenten für diverse internationale Blätter arbeiten, im Auftrag Ihrer politischen Gegner über das Ausland Stimmung gegen die FPÖ machen?*
Haider: Ja, sicherlich sind da jene österreichischen Journalisten, die der politisch korrekten Linken angehören, die Hauptnestbeschmutzer, eine besonders aktive Gruppe. So haben etwa Journalisten des ORF unmittelbar nach dem Wahltag von sich aus Klagen an ausländische Journalisten herangetragen über den angeblichen Rechtsruck im Lande. Normalerweise müßte der Generalintendant jene ORF-Mitarbeiter zur Ordnung rufen, die das Objektivitätsgesetz grob missachten.

Junge Freiheit, 29. Oktober 1999

Der Bundespräsident ist kein Herrscher, der wie zu Kaisers Zeiten eine Regierung nach Belieben wählen kann.

The Sunday Telegraph, 16. Jänner 2000

Da gibt es den Salonmarxisten Heinz Fischer, Parlamentspräsident, der immer in die Duma nach Moskau fährt, um sich dort die Informationen und Anweisungen zu holen.

Ried im Innkreis, 8. März 2000

Der Wiener Bürgermeister, ein renitenter Alt-Sechziger, wenn man ihn so reden hört, der das Problem hat, dass mit der rapiden Zunahme seines Körpergewichtes die geistige Reife nicht mithalten konnte.

Ried im Innkreis, 8. März 2000

Natürlich werden die Zeitungen wieder schreiben: „Jetzt hat er schon wieder gedroht." Der droht überhaupt nicht. Aber es ist ganz normal: Wenn ich einen Hund füttere und der beißt mich, dann füttere ich ihn nicht mehr, sonst beißt er mich ja wieder.

Über Medien und Presseförderung, Ried im Innkreis, 8. März 2000

Literatur

Aglas, Erwin H.: Rebell Jörg Haider. Der Mann, der aus Kärnten kam. Linz 1986

Bailer-Galanda, Brigitte: Haider wörtlich. Führer in die Dritte Republik. Wien 1995

Czernin, Hubertus: Der Haider-Macher. Franz Vranitzky und das Ende der alten Republik. Wien 1997

Dokumentationsarchiv des österreichischen Widerstandes (Hg.): Handbuch des Rechtsextremismus. Wien 1993

Haider, Jörg: Die Freiheit, die ich meine. Frankfurt a.M./Berlin 1994 (TB-Ausgabe)

Haider, Jörg: Befreite Zukunft jenseits von links und rechts. Menschliche Alternativen für eine Brücke ins neue Jahrtausend. Wien 1997

B. Kettemann/R. de Cillia/L. Landsiedler (Hg.): Sprache und Politik-VERBAL Werkstättengespräche. Frankfurt a. M. 1998

Scharsach, Hans Henning: Haiders Kampf. Wien 1992

Scharsach, Hans Henning: Haiders Clan. Wie Gewalt entsteht. Wien 1995.

Tributsch, Gudmund (Hg.): Schlagwort Haider. Ein politisches Lexikon seiner Aussprüche von 1986 bis heute. Wien 1994

Zöchling, Christa: Haider. Licht und Schatten einer Karriere. Wien 1999